【事例で学ぶ】
成功するDMの極意
SECRETS OF SUCCESSFUL DIRECT MAIL

全日本DM大賞年鑑2018

02

はじめに

DMという広告媒体の本当のすばらしさを伝えていきたい

「全日本DM大賞」は、過去1年間に企業から実際に発送された
ダイレクトメール（DM）を全国から募り、優れた作品を表彰する賞です。

マス広告と違い、受け取った人にしか分からない、いわゆる「閉じた」メディアである
DMは、具体的な事例が手に入りづらく、なかなかその効果や特性を知る機会が
ありません。それと同時に、非常に緻密な戦略に基づいて制作されたDMが、
ほとんど評価されることなく埋もれてしまっているのも事実です。

「全日本DM大賞」は、DMの入賞作品を通じ、
広告メディアとしてのDMの役割や効果を広く紹介するとともに、その企画制作に
携わった優秀なクリエイターたちへの評価の場を提供したいとの思いから、
1987年から毎年実施し、今年、第32回を迎えることができました。
今回の入賞作品も、綿密な戦略に基づき制作され、
かつ優れたレスポンス結果を残している成功事例ばかりです。

本書は2009年から続けて10回目の出版となります。
顧客コミュニケーションの設計にかかわる読者の皆さまにとって
何らかのヒントになれば幸いです。

最後に取材・制作にご協力いただきました各広告主・制作者さま、審査員の皆さま、
示唆に富むコメントをくださった識者の皆さま、
全日本DM大賞にご応募くださったすべての皆さまに、心から感謝申し上げます。

平成30年4月　日本郵便株式会社

【事例で学ぶ】成功するDMの極意 全日本DM大賞年鑑2018
CONTENTS

03	はじめに
06	第32回全日本DM大賞 概要

第 1 部

07 DMの持つ「人を動かす力」を解き明かす
~クリエイター、マーケターに聞く~

08	DMは五感で刺激できるパワフルなメディア 恩蔵直人（早稲田大学　商学学術院　教授）
10	DMは、一人ひとりに最適な提案をする　"コンシェルジュ"のような役割を果たせる 佐藤夏生（EVERY DAY IS THE DAY）×椎名昌彦（日本ダイレクトメール協会）
12	デジタルとの役割分担で　DMは研ぎ澄まされていく 徳力基彦（アジャイルメディア・ネットワーク）×山口義宏（インサイトフォース）
14	応募作品に見るDM活用
16	効果の上がるDM作成に必要な要素

第 2 部

17 徹底解剖！　成功するDMの極意
第32回全日本DM大賞 入賞・入選作品

18	金賞 グランプリ	10年間の感謝を込めた あなただけのケータイアルバム	ソフトバンク
22	金賞	業種別の絵本DMで、 休眠客22%の呼び戻しに成功！	CCCマーケティング
26	金賞	商品価値を高め、 伴走でサービス満足を上げる丁寧DM	生活総合サービス
30	金賞	貴方の会社が突然主人公になる！ 360度VR　DM∞	ダイレクトマーケティングゼロ
34	銀賞 審査委員特別賞 クリエイティブ部門	株式会社ドリッパーズ 2017年賀DM	ドリッパーズ
36	銀賞 審査委員特別賞 クロスメディア部門	拡散型DMによる新製品発売プロモーション	GAMAKATSU PTE LTD
38	銀賞 審査委員特別賞 実施効果部門	複数クロス率が8倍に！ ツンデレクロスDM	未来
40	銀賞	顧客リスト収集DM	味一番
42	銀賞	アドビ アイコンコースター DM	アドビ システムズ
44	銀賞	ライトノベル風オープンキャンパスDMで 入学不可避w	東京電機大学
46	銀賞	役割に合わせ人格が伴走！ シナリオ型腸活応援プログラム	日清ファルマ
48	銀賞	声で伝える感謝状DM	日本盛

50	銅賞	Audi Q2 Debut「#型破る」DM	アウディ ジャパン
51	銅賞	データ分析&改善の継続でROI向上! 大豊漁祭DM	網走水産
52	銅賞	お客様の力で木が成長! 絆が深まった新店オープンDM	いなげや
53	銅賞	顧客の心境が自然に変化! 重点的モチベUPDM	エーザイ
54	銅賞	ドコモ 子育て応援プログラム スタートキット	NTTドコモ
55	銅賞	Oisix(オイシックス)2017春のDM	オイシックスドット大地
56	銅賞	医療費削減予測 6百万円／年 特定健診受診勧奨DM	岡山県玉野市
57	銅賞	グループ内ゴルフ場への カード会員の新規送客DM	小田急電鉄
58	銅賞	TV通販連動型DM! なんとレスポンス率60.2%!	関西テレビハッズ
59	銅賞	クロスメディアリレーションを重視した 夏季講習DM	東京個別指導学院
60	銅賞	ご不在連絡票型年賀状	人間
61	銅賞	個人事業主様向け確定申告ガイド	freee
63	日本郵便特別賞 インビテーション部門	荷台が開く! 販売店「オープニング」招待状	三菱ふそうトラック・バス
64	日本郵便特別賞 エンゲージメント部門	これ一冊でセキュリティ対策はOK! あんしん川柳手帖	トレンドマイクロ
65	日本郵便特別賞 クラフト部門	上級カードのポテンシャルを、 ワンランク上のあなたへ	出光クレジット
66	日本郵便特別賞 コピーライティング部門	過去最大リード獲得で ROAS3000% 自治体DM	ピツニーボウズジャパン
67	日本郵便特別賞 ハイブリッド部門	Creative Cloud × 中間管理録トネガワ キャンペーンDM	アドビ システムズ
68	日本郵便特別賞 ルーキー部門	戸建賃貸トスム完成見学会 案内状	ネイブレイン
69	入選		

76 最終審査会レポート
五感に訴える　One to Oneメディア「DM」の新たな活用

81 効果を高めるDMのための企画・制作チェックリスト

82 審査委員紹介

84 人を動かすパワーのあるDMを募集します

第3部

85 ヒト・モノが動く!　効果の上がるDMの秘訣

86 STRATEGY 「マインドフロー」からDMの役割を決め、成果を出す

88 DATA DMメディア接触状況・効果測定に関する調査

第32回全日本DM大賞 概要

募集期間　2017年8月1日から10月31日（当日消印有効）まで
募集作品　2016年4月1日から2017年9月30日までに制作され、
　　　　　実際にDMとして発送されたもの
応募資格　DMの広告主（差出人／スポンサー）、DMの制作者（広告会社、制作プロダクション、印刷会社など）
応募総数　856点

審査過程

応募856点

一次審査（120点）
2017年11月
応募フォーム記載情報による審査

二次審査（51点）
2017年11月
9人の二次審査委員によるスコアリング

最終審査
2017年12月
10人の最終審査委員による
スコアリング、協議および投票

――二次審査通過（51点）――
入賞（30点）
金賞 グランプリ（1点）
銀賞（8点）
金賞（3点）
銅賞（12点）
日本郵便特別賞（6点）
入選（21点）

※ 入賞作品の中から「審査委員特別賞」3点、
　入選以上の作品の中から「日本郵便特別賞」を別途選定した。

■ スコアリング方法

応募されたDM、および応募フォーム記載情報に基づき、「戦略性」「クリエイティブ」「実施効果」の3項目について、各審査委員が5段階で評価。

■ 「日本郵便特別賞」について

「戦略性」「クリエイティブ」「実施効果」の3軸の総合点では評価しつくせない、キラリと光る尖った要素をもつ作品を選出した。

■ 入賞作品の決定

最終審査の総得点順に1位から4位を金賞、5位から12位を銀賞、13位から24位を銅賞とした。金賞4作品の中から、協議と投票によりグランプリを選出。また、グランプリを除く銅賞以上の作品の中で、各項目別の得点に基づく上位作品から協議と投票により、「審査委員特別賞」（クリエイティブ部門、クロスメディア部門、実施効果部門それぞれ1作品）を選出した。

第1部

DMの持つ「人を動かす力」を解き明かす

～クリエイター、マーケターに聞く～

08　**DMは五感を刺激できる
パワフルなメディア**
恩藏直人（早稲田大学）

10　**DMは、一人ひとりに最適な提案をする
"コンシェルジュ"のような役割を果たせる**
佐藤夏生（EVERY DAY IS THE DAY）×椎名昌彦（日本ダイレクトメール協会）

12　**デジタルとの役割分担で
DMは研ぎ澄まされていく**
徳力基彦（アジャイルメディア・ネットワーク）×山口義宏（インサイトフォース）

14　**応募作品に見るDM活用**

16　**効果の上がるDM作成に必要な要素**

MARKETER'S VIEW

DMは五感を刺激できる パワフルなメディア

恩藏直人

これまで全日本DM大賞を受賞してきた作品を見渡すと、特殊な質感のDMで触覚を刺激するもの、食品を添付し味わえるものなど、五感を刺激するさまざまな工夫がなされているのがわかります。人の感覚を刺激し、行動に影響を与えようという「センサリー・マーケティング」が近年注目を浴びていますが、センサリー・マーケティングの観点から見たDMの可能性について、審査委員長の恩藏直人教授に、話を聞きました。

感覚を刺激する注目のマーケティング手法

今、世界では「センサリー・マーケティング」に関する研究が進んでいます。五感を刺激することで、行動に影響を与えようというマーケティング手法ですが、ここ数年で関連する研究論文も増えており、これからは国内でも注目を集めていくことになるでしょう。この手法を実践するにあたって、DMは現時点で最適なメディアなのではないかと考えています。

これまで人々は、外部からの刺激を受けると、感覚レジスター（視覚、聴覚、嗅覚、味覚、触覚）が反応し、短期記憶として蓄積され、場合によっては、長期記憶が呼び覚まされ、情報処理がなされて行動へ結びつくと考えられてきました（図）。五感などの感覚に記憶が作用することが、消費者行動の大前提となっていたわけです。

ところが日々の行動を振り返ってみると、自分でも理由を説明できない行動をしてしまった経験があるはずです。センサリー・マーケティングでは、何らかの感覚への刺激が、記憶を経由せずに、明確な意識なしに行動へ導くことがあるという前提で研究を行っています。

例えば、何かの交渉事で相手が固い椅子に座っているときよりも、柔らかい椅子に座っているときの方が同意を得られやすいことや、温かいものに触れた方が冷たいものに触れたときよりも相手の話を受け入れやすいといったことがあります。固い、柔らかい、温かい、冷たいという五感への刺激が、私たちの行動に無意識のうちに影響を与えているのです。

こうした研究は、部分的にはかなり古くから行われています。代表的なものは音楽と香りについてです。店舗で流れるBGMのジャンルやテンポによって、行動が影響を受けることは実験で証明されていますし、アメリカの経営アドバイザー、エルマー・ホイラーも「ステーキを売るな、シズルを売れ」と説いているように、香りや音が購買意欲を刺激することは知られていました。

最近では、固有の香りがないものについても、何らかの香りによって行動が刺激されることはわかっています。カジノの香りは特に決まっていませんが、アメリカ、ラスベガスのカジノで行われた実験では、ある香りによってスロットマシンでの使用金額に明らかな

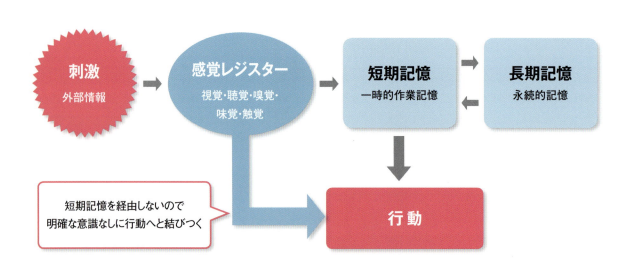

Naoto Onzo

早稲田大学 商学学術院 教授。早稲田大学商学部卒業。同商学部助教授等を経て、1996年教授。2008年より12年まで早稲田大学商学学術院長兼商学部長。博士（商学）。著書は『マーケティングに強くなる』（ちくま新書）、『マーケティング4.0』（朝日新聞出版）、『脱皮成長する経営』（千倉書房）など多数。

差が表れました。

こうした「音楽」「香り」といった個別の要素では古くから研究されていたものを、「センサリー（感覚）」というキーワードでひとくくりにして体系立てたのがセンサリー・マーケティングです。感覚への刺激と行動の関連性が解明されれば、消費者の行動に影響を与える新たなマーケティング手法として活用できると考えられています。

センサリー・マーケティングでは、人間の五感を刺激することが鍵になります。視覚や音は、テレビやWEBなどのメディアでも対応できますが、DMは、香りや触感、味覚についても試すことができるのが特徴です。もちろん将来的に匂いが出るテレビなどが開発されれば、また違う展開も予想されますが、現時点でDMは、センサリー・マーケティングに最適なメディアであるといえます。

第32回のDM大賞受賞作品の中には、銅板が入っている年賀状DMがありました。開封したときの銅板の重量感や色合いは、インパクトが大きいものです。また音声メッセージで、受け取った人への感謝の言葉が流れるDMもありました。聴覚を刺激し、同じ内容でも、紙一枚で来たときと比べて、受ける印象は異なるものになります。

五感を刺激するDM
「デザイン」のチェックも忘れずに

DMの制作において、五感の刺激を意識することで、DMメディアの可能性はさらに広がることでしょう。

ただし、刺激が多ければ効果が高いわけではないということが、センサリー・マーケティングの研究ですでにわかっています。刺激を一度にたくさん与えると、負荷がかかりすぎ、行動にはつながらないこともあるので、注意が必要です。

さらにセンサリー・マーケティングをDM制作において実践する際は、よい「デザイン」がなされているかをポイントにするとよいでしょう。ここでいう「デザイン」とは、見た目の美しさだけを指すのではなく、次の要素が含まれています。

それは審美性、継続性、先進性、安全性、快楽性、機能性、操作性、独自性です。扱いやすいデザインになっているか、環境配慮など世の中に受け入れられるデザインか、といった上記の要素をチェックしていくと、感覚を刺激するDMは、より良いものになっていくはずです。例えば、先ほどの銅板の年賀状は、角をまるめて、持ったときに怪我をしないようなデザインがなされていますし、店に持っていくと商品が購入でき、通貨になるという社会性も備えています。

これらのデザイン要素は、全てを網羅する必要はありません。安全性や社会性は多くの場合、満たしている方が今日的ですが、DMの目的や企業ブランドの特徴、ターゲットなどに合わせて取捨選択すればよい。新鮮さを強調したい場合などには継続性を満たす必要はないでしょう。重要なのは、デザインの視点を持って制作することです。どのような刺激が適しているのかは企業やブランドによって変わってきます。

DMでは見た目や仕掛けのインパクトや話題性に目を奪われがちですが、やはり本来の目的である、レスポンス率や投資効果こそが重要になります。五感の刺激によって無意識的に行動につなげるセンサリー・マーケティングの手法を、DM制作にも取り入れ、ぜひ更なる効果を高めていってほしいと思います。

複数のバリエーションで制作し、どのような刺激を与えるDMが、より効果が高まるのか、測定しながら進めていくのもよいでしょう。どのターゲットに何が効果的なのか。さまざまな知見が蓄積できるはずです。

CREATOR & MARKETER'S VIEW

DMは、一人ひとりに最適な提案をする"コンシェルジュ"のような役割を果たせる

佐藤夏生 × 椎名昌彦

レスポンス・プランニング・クリエイティブなどにおいて優れたDMを表彰する「全日本DM大賞」。
今年初めて、その審査員を務めるクリエイティブディレクターの佐藤夏生氏と、
DMの進化を見つめ続けてきた日本ダイレクトメール協会の椎名昌彦氏が、
デジタル時代のコミュニケーションに必要なことや、そこでDMが果たすべき役割について意見を交わした。

——佐藤さんの普段のお仕事と「ダイレクトメール（DM）」とは少し距離があるように感じられますが、「全日本DM大賞」の審査員の打診を受けてどう思われましたか。

佐藤：企業と顧客、ブランドとファンをつなぐタッチポイントで、どんなエクスペリエンスを生み出すか。この観点に立てば、プロダクトも、テレビCMも、店舗UXも、DMも、アウトプットの形が違うだけで役割は同じですから、特に違和感はありませんでした。DMは「多くの人に一斉送付して、購買意思決定に向けた最初の取っかかりをつくるもの」というイメージを持たれ、「どれだけ費用対効果を高められるか」に議論が終始しがちであるというのが、これまでの一般的なあり方だったと思います。しかし、僕が長年担当してきたクライアントは、DMをロイヤル顧客へのアプローチ手法のひとつとして活用しています。ブランドから顧客に対する"おもてなし"そのもので、いわゆる"刈り取り型"のDMとは一線を画します。この原体験があって、僕はDMを「ダイレクトメール」ではなく「ダイレクトメッセージ」と捉える必要があると考えています。「メール」という形状ではなく、「メッセージをダイレクトに伝える」という目的にフォーカスすれば、DMに対する捉え方・考え方は大きく変わっていくのではないでしょうか。

椎名：佐藤さんは、DMというメディアととても良い出会い方をされたのですね。日本におけるDMは、まだ"刈り取り"のイメージが根強い。もちろん、購買促進という目的においても有効な手段ではありますが、ややそこに偏っていることに課題を感じています。佐藤さんの言葉を借りると、海外では多くの企業が、「ダイレクトメッセージ」を届けるメディアとしてDMを上手く活用しています。購買促進だけでなく、ブランディングを目的とした活用も活発です。"刈り取り"施策ばかりを続けていては、ターゲットが枯渇し、次第に獲得効率も低下していきます。潜在顧客の育成が不可欠であることに気づき、大手通販事業者をはじめ多くの企業がブランディングを重視するようになってきました。ターゲットのインサイトを理解した上で、おもてなしを重ねながら、ブランドとターゲットとの関係を深めていく——今後は日本でも、そうした活用が広がっていけばと考えています。

佐藤：既存顧客に対してダイレクトにアプローチすることは、マーケティングの正しい方

> DMは、ブランドの多様な価値と顧客をつなぐ、解像度の高いコミュニケーションを実現できる。

EVERY DAY IS THE DAY
Creative Director / CEO
博報堂のエグゼクティブクリエイティブディレクターを経て、2017年、クリエイティブファーム「EVERY DAY IS THE DAY」を立ち上げる。Mercedes-Benzのアニメーションコンテンツやスーパーマリオとのコラボレーション等を制作。プロダクトやサービスの開発、空間、子供の教育プログラム等、クリエイティブワークを拡張している。

Natsuo Sato

Masahiko Shiina

"刈り取り"だけでなく、ブランディングを目的としたDM活用を広げていきたい。

日本ダイレクトメール協会
専務理事
1979年電通入社。ダイレクトマーケティング専門代理店、電通ワンダーマンの創設メンバーとして出向。広範な業種にわたる企業で顧客獲得、CRM領域の企画・実施作業を行う。2005年電通復帰後は通販、ダイレクトビジネス全般の業務を担当。2011年より現職。企画監修『先頭集団のダイレクトマーケティング』(朝日新聞出版、2011)他、教育・執筆活動多数。全日本DM大賞最終審査委員。

——お二人の、DM活用アイデアを聞かせてください。

佐藤：相手のラーニングにつながるようなものがいいですね。届けば届くほど、受け取った人にとって役に立つ、学びが蓄積されていくようなDMは、まだ存在しないように思います。

椎名：顧客データを活用する環境の整備が進んだことで、属性データはもちろん、購買履歴やWEB行動履歴を組み合わせれば顧客の興味・関心までわかるようになりました。「アナログメディア」と捉えられていたDMも、顧客データを活用することで、デジタル広告並みの精度でターゲットに届けることができるようになっています。その環境下、今後求められるのは、一人ひとりにぴったりの商品を提案してくれるDMではないでしょうか。情報の取捨選択や判断に負荷がかかる複雑な商品・サービスが増えている中、データを基に「あなたにはこの商品が最適です」と提案してくれるDMは、重宝されるのではないかと思います。ビッグデータ時代の広告・コミュニケーションは、お客さまの"コンシェルジュ"のような役割を果たす必要がありますし、またそれが十分可能となっています。DMを、そんなコミュニケーション手段の代表として、進化させていきたいですね。

佐藤：ポストを開けるのが楽しみになる、そんな気運を盛り上げる気概を持って、僕らクリエイティブに携わる者は一つひとつ良いDMをつくらなければならないと思います。心のこもったもの・丁寧につくられたものは、受け取ればわかります。読むに値するものか、受け手はすぐに判断できるのです。そう考えると、内容はもちろんのこと、紙質も含めた"しつらえ"も、重要な要素です。量的(費用対効果)だけでなく、質的にDMを評価する流れが強まれば、DMの活用可能性はさらに広がっていくのではないでしょうか。

法論のひとつで、高い費用対効果が望めます。しかし一方で"無駄なリーチ"が必要なケースもあることを、ここ数年で学びました。既存顧客の少し外側、僕は「ブランドの際(きわ)」と呼んでいるのですが、そこにブランドの成長の可能性が眠っていると思うんです。ブランドから直接おもてなしを受けることはもちろん、そのブランドが周囲からも評価されているのだと認識することでも、ロイヤリティは高まっていきます。ブランドの価値を高めていく上では、ダイレクトメッセージとマスメッセージの両方をバランスよく発信することが重要なのではないでしょうか。

Many to Manyをつなぐ
コミュニケーション設計が必要

佐藤：デジタル時代の今、自社ブランド・商品に関する情報流通量を増やすことはもちろん重要です。しかし、量を増やそうとするがゆえ、質が落ちるのは避けるべき。あらゆるタッチポイントにおけるエクスペリエンスの質の積み重ねが、ブランドをつくり上げていくからです。例えば、商品の新しい使い方や役割、社会との関係など、これまでは知られていなかった価値に気づかせるような情報を届けることは、良質なコミュニケーションと言えると思います。

椎名：ブランドとは、そうした多様な価値の集合体であると言えますね。

佐藤：はい。15秒・30秒のテレビCMでは伝えきれない価値がたくさんあります。ブランドや商品が持つ価値は本来多面的なもの。ひとつの商品でも、接する人によって感じる価値はさまざまに異なりますし、価値を伝えるべき相手もターゲットだけではないはずです。つまり、伝える価値と伝える相手の組み合わせ方は無限にある。その"Many to Many"をつなぐ、丁寧な設計が必要だと思います。企業・ブランド・商品と、顧客・暮らし・人生の間に良い接点をつくり出すことがマーケティング・コミュニケーションの本質。DMは、多面的な価値を持つブランドと多面的な存在であるお客さまをつなぐコミュニケーションを、解像度高く実現できるメディアと言えますね。

椎名：デジタルマーケティングでは、相手に合わせて最適化したコミュニケーションを行うことがもはや基本ですが、紙メディアで同じことをしようとすると非常に手間がかかり、これまではなかなか取り組みが進みませんでした。しかしバリアブル印刷をはじめとする技術の進化により、その課題も解決されつつある。データを基に相手に合わせた多面的なコミュニケーションを行うことが可能になっています。

MARKETER'S VIEW

デジタルとの役割分担で
DMは研ぎ澄まされていく

徳力基彦 × 山口義宏

アナログのDMとデジタル施策を組み合わせ、
DMだからできるコミュニケーションに挑戦する作品が、次々と出てきています。
ここでは、最終審査員を務めたアジャイルメディア・ネットワークの徳力基彦氏とインサイトフォースの山口義宏氏が、
DMならではの価値や活用法を語ります。

——他のメディアと比べて、DMの価値をどのようにとらえていますか。

山口：紙メディアの強みは、手元に置いておけること。普段のコンサルティング業務でも、このことを実感しています。

例えば紙の会員証とデジタルの会員証で、どちらの会員がアクティブでリピート率が高いかを測定すると、紙のほうが高い業種があるんです。コンタクトレンズはその一つ。ユーザーが追加発注するとき、メールを掘り返すのではなく、紙の会員証を手掛かりに発注しているのです。これはシニアに限らず、カラーコンタクトを購入するような若い女性も同じような行動をとっています。

不動産の買い取りについては、DMやチラシの発送を止めると、半年後1年後に買い取り件数が下がることがわかっています。つまりいつか家を売るかもしれないと考えている人は、紙メディアを保存しているのです。

紙メディアであるDMは、保存してもらえるし、時間が経ってから検討するときにも思い出してもらうことができます。これは大きな価値ですし、捨てさせないDMをつくるという視点は大事だと感じました。

徳力：デジタル施策をしている立場からすると、紙メディアはコストがかかりますから、さまざまなコミュニケーションをデジタルに集約したくなりがちです。でもスマホに届く大量の情報の中から「思い出してもらう」のは難しいもの。マーケティング・オートメーションで山ほどEメールを送って、結局嫌がられることもあります。ところが温かみのあるDMならば、連続して届いても喜ばれたりするものです。

DMは手元に残せるリアルなメディア、という特性をわかった上で、デジタル施策と使い分けたり、組み合わせたりしている広告主が、成果を出しているように思います。どういうメッセージをどんな人にどのようなタイミングで送るべきかを理解されていて、DM大賞の応募作も年々レベルが上がっています。

山口：DMを打ちっぱなしにせず、結果を踏まえて次に生かすということですね。PDCAを回している広告主は、施策が進化しますし、制作スタッフの成長も期待できます。

徳力：そうですね。これは大企業に限った話ではありません。審査した作品の中に、飲食店のはがきDMがありましたが、前回の結果から商圏を割り出し、次は常連客の情報を集めるDMへと進化させていました。DMはコストがかかるから大企業向きだと思ってい

アジャイルメディア・ネットワーク
取締役CMO／ブロガー
2006年のアジャイルメディア・ネットワーク設立時からブロガーの一人として運営に参画。日経MJや宣伝会議AdverTimesコラム連載活動のほか、電通総研フェロー、WOMマーケティング協議会、政府広報アドバイザーなど幅広い活動を行っている。

> インスタ映えするのは、Eメールではなく、リアルなDM。SNSの波及効果を測定し、PDCAを回してほしい。

Motohiko Tokuriki

Yoshihiro Yamaguchi

インサイトフォース　代表取締役
1978年生まれ。ソニー子会社にて戦略コンサルティング事業の事業部長、リンクアンドモチベーションにてブランドコンサルティングのデリバリー統括、デジタル・マーケティング・エージェンシーにてタブレット事業マネジャーを務めた後、2010年に戦略コンサルティング会社、インサイトフォース設立。

> 誰も振り向いてくれないDMをばら撒くより、狭く深くインサイトを突いた、コンバージョンの高いDMを。

る方がいたら、もったいないと思います。
山口：シズル感のあるビジュアル表現が可能なDMは、「食」との相性もいいですね。ある小さな食品会社は、「LINE＠」とDMを使い分けていて、お中元やバレンタイン商戦では、写真入りのDMで効果を出しています。

DM利用にコストのハードルがあるなら、大量に発送する前に何パターンか作成してコンバージョンが高いものを見極めるといいでしょう。DMはメールと比べると表現力の高いメディアですから、コンバージョンを上げるために必要なコストはかけ、実験しながら活用するのがコツではないでしょうか。

またDMは宿命的にリーチコストが高いので、取引単価の高いBtoB事業での利用に向いています。BtoC事業ほどはDMが使われていない領域なので、受け手に捨てられずに届きやすいという側面もあります。

デジタル施策とDMの使い分け

徳力：審査作品の中に、ティザーはがきDMがあったのは印象的でした。「新商品の全貌公開まで後1ヶ月」とのみうたって、その後の情報提供はFacebookに任せる。贅沢なDMの使い方に見えますが、もしたくさんの情報をはがきに詰め込んでいたら読まれることすらなかったかもしれません。
山口：デジタルという受け皿があると、DMは情報量を少なくして振り切ったクリエイティブにできるというのは興味深いです。
徳力：このティザーDMの場合は、住所のわかっているブランド愛用者向けに送っていて、先行情報を優先的に伝える、という身内感、親近感のあるアプローチでした。Facebookの使い方も、愛用者とつながって、商品への期待を高めることを目的としています。告知ではなく愛用者との絆を深めるために、SNSを使うというのは、公式アカウントとして、正しい使い方だと思いました。
山口：DMではリスクヘッジのために、たくさんの情報を載せなければならないことがあります。しかしそれをしてしまうとメッセージが薄くなります。細かい情報はデジタルでアップデートする、と役割分担ができれば、DMではターゲットのインサイトをつくための表現に大胆に特化できるでしょう。
徳力：テレビCMですと、尖った表現に批判が来て、放映中止になることが増えています。ですが、クローズドなDMなら、表現を尖らせても、それを好意的に面白がれるターゲットだけに届けることも可能なはず。こうしたDMの特徴を生かして、表現を研ぎ澄ませていくというのもいいかもしれませんね。

――これからのDMに期待することは？

徳力：「インスタ映え」が2017年の流行語になりましたが、リアルなものがシェアされる時代に入ったと思います。見込み客とのコミュニケーションでDMとSNSを組み合わせるなら、受け手にDMをシェアしてもらうという手法があります。ツイッターやブログは比較的WEBの情報をコメントしたりシェアしたりすることも多いのですが、写真に関してはリアルなものでないと撮れません。電子メールをキャプチャーしてInstagramに上げる人はほとんどいないわけです。

一方、リアルのDMなら、写真でシェアしてもらいやすく、DMの発送数以上の人に見てもらえる可能性が出てきます。WEBメディアが、そのSNSでの盛り上がりをまとめて「この会社から来たDMがすごすぎる件」のような記事が出ることもあり得ると思います。

審査の中では、「インスタ映えを狙っているのだろうけど、惜しい」と思うものが結構ありました。DMの写真を見ただけで「この会社のものだ」とわかるようになるといいですね。ハッシュタグをつけて「シェアして盛り上がりましょう」と投稿を促すのも有効だと思います。そしてPDCAを回してほしい。写真映えするであろうDMを出した結果、どのくらいの人がどのようなシェアをしてくれたのか計測して、ぜひ次に生かしてほしいです。
山口：公共性の高いマスメディアと違って、クローズドだからこそ、狭く深くインサイトを刺していけるのがDMです。もちろんブランド想起維持のために大量にばら撒き続けるDMが有効な業種もあるのですが、インサイトを深く刺激し、ブランドの個性がにじみ出た、読まざるを得ないDMによって、コンバージョンを上げる方向の進化を期待しています。そのほうが受け取る側も楽しいですし、表現の自由度が高いメディアとしてのDMの本質を活かしたコミュニケーションを実現できるのではないでしょうか。

応募作品に見るDM活用

DMは全国区の企業から個店に至るまで幅広く活用できるマーケティングツールです。
本書には、幅広い業種の作品が掲載されていますので、ぜひ研究してください。
綿密な戦略に基づいた作品が目白押しですが、初めてDMの制作にチャレンジする方にも、
参考になるポイントを紹介します。

ターゲットをよく知る

データ活用で受け手に響く内容へ

時間をかけて制作したDMであっても、必ずしも読んでもらえるとは限りません。「開封したい」と思わせる工夫が必要です。「中身は何だろう?」「自分に関係あることだ!」「もっと知りたい!」と思わせるために、まずは「ターゲットはどんなことなら心を動かされるのか」を掘り下げて考えてみましょう。

例えば、グランプリのソフトバンクは、長期利用者向けに、これまで利用してきたケータイを一覧できるアルバムDMを作りました。顧客の購買履歴データを使い、一人ひとり異なるDMを作り、受け手に「あのときは、こんな機種を使っていたなぁ」と懐かしさを抱かせるとともに、新機種を案内し、継続利用を促しました。

金賞の生活総合サービスは、サプリの購入者に商品到着日からの経過日数に応じてフォローDMを送付しました。15日経ちました、40日経ちました……、とユーザーのサプリ継続利用を励まし、寄り添い、「続けて使ってみよう」という気持ちにさせています。どちらも、ターゲットの心を動かすために、データをうまく活用した事例です。

また銀賞の東京電機大学は、オープンキャンパスの来場者数を増やすため、ライトノベル風のDMを作成。ターゲットとなる学生に興味を持ってもらえるテーマを設定し、細部のクリエイティブやストーリーにこだわった結果、SNSでの拡散が相次ぎました。

金賞「生活総合サービス」(26ページ)

銀賞「東京電機大学」(44ページ)

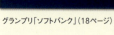

グランプリ「ソフトバンク」(18ページ)

体験してもらう

五感を刺激して記憶に残す

DMを制作するにあたっては、ターゲットをくすぐるコピーやビジュアルを熟考する必要がありますが、それはEメール配信でも同じです。しかし、DMにはこの先があります。手触りや香り、時には、音や味覚さえも刺激できるのです。五感を刺激するDM

は、受け手に強烈なインパクトを与えます。

金賞のダイレクトマーケティングゼロは、VRメガネを同封したDMを作り、動画の視聴へ誘導。受け手に関係するモチーフを動画に組み込み、驚きを与えました。

銀賞・審査委員特別賞・クリエイティブ部門のドリッパーズは、銅板を使った年賀DMを作成。手で持つとひんやりとして重厚感があります。さらに銅板をコーヒーショップに持っていくと、コーヒーが購入できる仕掛けに。捨てられないDMで、同社のアピールにつなげました。

銀賞の日本盛が優良顧客に届けた感謝状DMは、ボタンを押すと音声が流れます。顧客の個人名や購入商品名を含んだスタッフの音声メッセージが聞けるこのDMは、ロイヤル顧客から多くの反響がありました。

金賞「ダイレクトマーケティングゼロ」(30ページ)

銀賞・審査委員特別賞・クリエイティブ部門「ドリッパーズ」(34ページ)

銀賞「日本盛」(48ページ)

行動をひと押しする

SNSでの投稿、情報収集、受診…
DMの役割は何かを整理

DMの受け手にどのようになってほしいのか、DM送付後はどのような施策を行うのか。施策全体を俯瞰し、DMの役割を決めることが、効果を高める近道となります。

銀賞・審査委員特別賞・クロスメディア部門のGAMAKATSU PTE LTDでは、商品の発売前にティーザーDMを実施しました。「全貌公開まであと一ヶ月」と書かれたDMは、ファンへの好奇心を刺激し、購買熱を高める役割を果たしています。商品の詳細はFacebookや第2弾のDMで補足していました。

銀賞を受賞した、食堂の味一番では、DMで常連客の情報を収集しています。スタンプカードが付いたはがきDMを商圏に発送し、住所や名前を記入してもらい、来店するとDMが割引券に。この施策後、接客時に常連客へ名前を呼びかけることができるようになりました。

自治体でもDMの効果的な利用がなされています。銅賞の岡山県玉野市では、市民の健診受診を促すため、「健康は、失ってからでは、取り返しがつきません。」のコピーと、ビジュアルを活かした大判サイズのDMを制作。受診を促しました。

DMは使い方次第で、さまざまな課題を解決することができるツールです。第2部では、各事例を「戦略」「クリエイティブ」「効果」の3軸から分析していきますので、ぜひ参考にしてください。

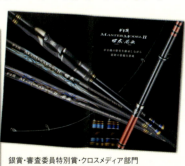

銀賞・審査委員特別賞・クロスメディア部門「GAMAKATSU PTE LTD」(36ページ)

銀賞「味一番」(40ページ)

GUIDANCE

効果の上がるDM作成に必要な要素

全日本DM大賞も回を重ねるにつれて、「企業規模にかかわらず戦略がしっかりと考えられている」
というコメントが審査委員から多く寄せられるようになってきました。
DMのおもしろさは、五感に訴求できるリアルな媒体であること。
マーケターにとっての成功とは顧客との継続的で良好な関係を保てるような戦略の構築。
そこでDMの場合、どのようにこの特徴的な媒体を活用していけばいいのか、
外封筒から内容品に表現されるクリエイティブ、そして実施効果についての考え方を説明します。

戦略・クリエイティブ・実施効果

マーケティングコミュニケーションのほとんどは、ダイレクトマーケティングにより確立された戦略に基づいたものです。中でもDMには、ダイレクトマーケティングの要素（ターゲティング、オファー、コピー＆レイアウト、タイミング）がすべて含まれ、コミュニケーションの基本が凝縮されています。具体的には下記の6つです。

> ①複数のチャネルを使ってコミュニケーションとレスポンスを取る
> ②コンテンツの充実、個々のオファー、行動の喚起
> ③個々に届けられるコミュニケーション
> ④関連性がある双方向のやり取りで関係を継続する
> ⑤ターゲティングと分析にデータを取得し用いる
> ⑥測定可能な結果、成果、テストを通じた最適化

DM施策を行うには、上記の6つを踏まえることはもちろんですが、その前に考えるべきなのは、「何のために行うのか」を明確にすることです。つまり、競合との関係、社会問題、生活者の意識などにおいて障害となっている課題について、ターゲットに対していかに向き合い、課題を効果的に解決するのかといった戦略を明確にすることが求められるのです。

多くのマーケターが顧客への情報発信において犯しがちな誤りは、すべての顧客が価格の安さに関心を持っているだろうと考えることです。ほとんどの顧客にとってはその通りかもしれませんが、すべての顧客がそうではありません。顧客ロイヤルティは割引では築かれません。そうではなくコミュニケーションとサービスによって築かれることを認識し、顧客との関係を常に構築することを念頭に戦略を立案するべきです。

今日では、メッセージ発信の目標は興味や認識を得ることではなく、「顧客行動を変化させる」ことにあります。経済的衰退が起こると、マーケターは多くの見込み客、販売、集客を生み出すコミュニケーションを行おうとします。その際、見込み客がブランドコミュニケーションを目にするだけでは十分でなく、見込み客がそのブランドに引き込まれ、行動を起こす必要があります。したがって、ブランディングで使用されたツールや手法によって行動が変化せず、測定できない場合、そのクリエイティブは失敗となるのです。

データベースを活用したマーケティングコミュニケーションでは、価格以外の要素にも重点を置くことでロイヤルティを向上させ、顧客と長期的な関係を築いていきます。顧客が価格以外に期待しているものが次の5つ。①**自分を顧客として把握してもらうこと**②**サービス**③**お知らせ**④**利便性**⑤**有用性**。顧客は自分の名前が呼ばれるような特別扱いを望んでいます。つまり"ひいき"をしてほしく、特別なサービスを望み、情報の先取りがしたいのです。

こうした要素を提供するために、オファーが考えられ、クリエイティブ表現においては、ターゲットとしている個人（BtoC）あるいは企業（BtoB）に向けて、情報が届きかつ行動を引き起こすものが求められます。

以上のような観点で戦略を考えクリエイティブ表現に落とし込み、それがDM単体あるいは他メディアと併せて使用された時に、目標に対してどう機能したのかによって成果が評価されます。そして、得られた成果をもとに次の施策を考えます。このPDCAサイクルを回すことがさらなる成果につながっていきます。

そうしたことの積み重ねにより、近年、全日本DM大賞の受賞作品が、国際的なアワードでも受賞するなど、日本のDMの力が高く評価されてきています。

第2部

徹底解剖!
成功する
DMの極意

第32回全日本DM大賞
入賞・入選作品

18	👑 金賞 グランプリ
22	👑 金賞
34	👑 銀賞 審査委員特別賞
40	👑 銀賞
50	👑 銅賞
62	👑 日本郵便特別賞
69	入選
76	最終審査会レポート
81	企画・制作チェックリスト
82	審査委員紹介
84	人を動かすパワーのあるDMを募集します

■基礎情報の記載事項
①企業概要（主な商品、サービス、ビジネス内容）
②主なターゲット顧客層
③ダイレクトマーケティングツールの通常の活用状況

■なぜDMを使用したのか
今回の施策でDMを選択した理由、
および全体の中での位置付け

■staff略号

Adv	広告主担当者	D	デザイナー
Dir	ディレクター	C	コピーライター
Pl	プランナー	Pr	プロデューサー
AE	営業	I	イラストレーター
CD	クリエイティブディレクター	Ph	フォトグラファー
AD	アートディレクター	Co	コーディネーター

商品と自分史が重なり、懐かしさがこみ上げるDM

10年間の感謝を込めたあなただけのケータイアルバム

》広告主　ソフトバンク
》制作者　トッパンフォームズ

staff　Adv 杉原渚、松永朋子　AE 横川千智、玉利勇人、山本弘之　AD 樋口和清

POINT 1 懐かしさを演出するため、形状はアルバムの定番である正方形にした。

POINT 2 ユーザーがこれまで使ってきたケータイ機種をアルバムのように掲載。一人ひとり使用歴が異なるため、内容も1冊ずつ異なる。

GRAND PRIX

左から、ソフトバンクの曽我圭太氏、佐野稔氏、杉原渚氏、松永朋子氏、トッパンフォームズの横川千智氏、ソフトバンクの赤瀬宗孝氏、トッパンフォームズの富山健治氏、樋口和清氏

DM施策の全体図

ユーザーが今まで使ってきたケータイ機種をアルバムのようにまとめたDM。
受け取った人は「ソフトバンクから大事にされている」という想いを抱き、
顧客ロイヤルティが向上。新機種への変更も促した。

戦略性

特典や価格訴求ではなく感謝を伝える

長い期間ソフトバンクを利用しているユーザーに向けて、感謝の気持ちを込め、喜んでもらえるDMとして企画した。

・マーケティング方針

オファーによって継続利用や新機種への買い替えを促進するのではなく、長期の利用に対して感謝の気持ちを伝えることで、ソフトバンクを好きになってもらい、継続利用につなげることを考えた。

・販促企画

シャープ製のハイスペックモデル「AQUOS R」とエントリーモデルの「AQUOS ea」への機種変更、および新サービスの超大容量のデータ定額サービス「ウルトラギガモンスター50G」を訴求した。

・ターゲティング／リスティング

ソフトバンクになって以降ずっと同社と契約し、シャープ製の機種を使っているユーザー。シャープ製を選んだ理由は、他社に比べて過去にリリースした機種が多く、今回のDM企画を成立させやすいという面もあった。

クリエイティブ

古い写真アルバムを見るときのような"懐かしさ"

単なる過去の機種カタログにするのではなく、「アルバム」というコンセプトのもと、デザインの細部にまでこだわった。

ソフトバンク コミュニケーション本部の杉原渚氏は「受け取った人が"懐かしい！"と感じてくれることを最優先に考えた」と話す。そのため、DMの形状は古いアルバムの定番である正方形にして、懐かしさを演出。表紙の色や使用フォントも"歴史の重み"を感じてもらえるよう、シックなものを選んだ。

ページ内には機種の写真などとともに、その年の社会的な出来事や、当時のケータイの概況がわかるコメントも掲載。利用してきた歴代のケータイとともに"自分史"を振り返ることで懐かしさを感じてもらった。

対象となる機種は100種以上あり、一人ひとり使用歴が異なるため、掲載違いが起きないよう細心の注意を払って作った。

DMの封筒はトレーシングペーパーで作成。中身がうっすらと透けて見えるようにして、受け取った人に開封前の期待感を抱いてもらえるようにした。

さらに同封の別冊チラシでは「アルバムの新たな1ページに加えていただきたい」とし

目的	継続顧客化
DMの役割	上位商品への買い替え促進
発送数	非公開
効果	同時期に実施したZ折はがきDMと比較し、新機種への変更率は118%
ターゲット	ソフトバンクになって以降ずっと同社と契約し、シャープ製の機種を使っているユーザー

基礎情報

☑ 企業概要
（主な商品、サービス、ビジネス内容）
移動通信サービスの提供、携帯端末の販売、固定通信サービスの提供、インターネット接続サービスの提供

☑ 主なターゲット顧客層
オールターゲット

☑ ダイレクトマーケティングツールの活用状況
メール、ソーシャルメディア、DMなどあらゆるメディアをターゲットと目的に応じて使い分けている

なぜDMを使用したのか

DMは一人ひとりの手元に届き、企業メッセージを伝えることができるツール。長期継続利用の感謝を伝えるため、顧客が使用してきた機種を「アルバム」風にまとめたDMを送った。

て、シャープ製の最新機種を紹介した。

実施効果

**新機種への変更率
Z折はがきDMに比べ約2割アップ**

　同時期に実施したZ折はがきDMと比較すると、新機種への変更率は118％となり、ユーザーからは「懐かしい気持ちでいっぱい」「自分だけの"ケータイ歴史"に感動」「顧客を大切に思っていることが伝わってくる」などと、好意的な意見が多く寄せられた。ソフトバンクがDM送付後に行ったSMSによる効果調査によれば、55％の人が、DMが届いたことによってソフトバンクを継続して利用したい気持ちになったと回答した。

　同部の曽我圭太氏は「DMは"安い""おトク"といった訴求や、新サービスの告知が多い中、今回のDMでは、受け取った人は『ソフトバンクは一人ひとりのユーザーに目を向けてくれている』と感じてくれたようだ。ユーザーの心を動かすコミュニケーションが取れたのではないか」と振り返る。

　社内の関連部署においてもDM効果についての評価は高まっており、DMによるユーザーとのコミュニケーションは年々、増加傾向にあるという。

別冊のチラシで最新機種を紹介。

GRAND PRIX

POINT 4
封筒はトレーシングペーパーにして中身がうっすらと見えるようにし、開封前のDMに対する期待感を高めた。

DMに同封されたノベルティ。

審査会の評価点

戦略性	★★★★★
クリエイティブ	★★★★★
実施効果	★★★★★

審査委員講評

長期利用の顧客に対して実施されたDM。安さや機能の訴求ではなく、感謝の気持ちを表現し、ソフトバンクへの好感度アップを導きました。過去に利用した機種が一つのアルバムの中にまとめられており、受け手に懐かしさと特別感を思い起こさせる工夫が評価されました。　　　　　　恩藏直人

過去、自分が所有していた携帯電話はすでに自分自身のメモリアルになっています。この視点のアイデアが秀逸です。受け取った顧客が捨てられないDMの典型的な事例となるのではないでしょうか。　　　　　柿尾正之

格安スマホの台頭など優良顧客が離反する強い理由があふれている中、更に強力なエンゲージメント施策が求められています。本作品は購買履歴データから顧客の自分史を携帯電話で表し、深いエンゲージメントを引き出すのに成功しました。この手があったか。
　　　　　　　　　　　　　　　城下博行

・ DM診断 ・

ここが秀逸!

顧客が利用してきた携帯電話の機種の履歴を、アルバムという形にすることで、購買履歴というデータを驚きと感動のある体験に変えることに成功した。使ってきた携帯電話をあらためて振り返ることで、自らの過去に思いを馳せる人もいたのではないか。バリアブルプリントの新しい使い方を提示したという点でも優れた作品になっている。

21

ひと目で自分ゴト化でき、即「使える」絵本DM

業種別の絵本DMで、
休眠客22%の呼び戻しに成功!

» 広告主　CCCマーケティング
» 制作者　CCCマーケティング、フュージョン

staff　Adv 石井大樹　Dir 石井大樹、森敦、城下勇一　Pl 松浦絵里、清水大志、田村亮子、小船井香織　D 宮本朋子、篠原あや

POINT 1　帯を付けることで、絵本らしさを一層高めた。

絵本DMは業種別に9パターン作成。

左から、フュージョンの田村亮子氏、CCCマーケティングの松浦絵里氏、石井大樹氏、フュージョンの森敦氏

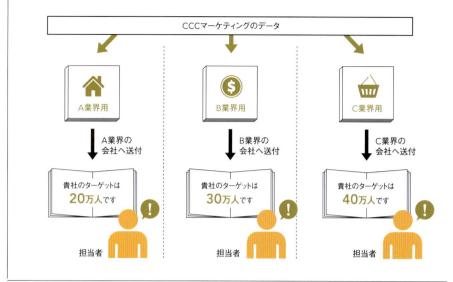

DM施策の全体図

送付先を9業種に分け、記載内容をそれぞれ変えてDMを送付。受け手が"自分ゴト化"できる仕掛けや、体裁を「絵本」とし保存性が高まったことなどから、DM発送後の初動1カ月で41社と商談、6社から受注するなど、想定を大きく上回る効果を上げた。

目的	休眠顧客の活性化
DMの役割	サービス内容を明快に示す
発送数	181通
効果	DM発送から初動1カ月あまりで41社と商談(レスポンス率22%)、そのうち6社から受注。DM経費に対するROI(Return On Investment=投資利益率)は500%
ターゲット	休眠顧客

戦略性

休眠顧客の復活に向け
すぐに理解できるDMに

データベース・マーケティング事業を行うCCCマーケティングは、6500万人の「T会員」に対して、プロモーションできるサービスを展開している。法人の休眠顧客を復活させるのが、今回受賞したDMの目的。T会員の購買データ、属性データ、WEB行動データを活用することで、ターゲットの精緻な絞り込みが可能なことをアピールした。

・マーケティング方針

これまで新規顧客の獲得を優先し、ケアできていなかった休眠顧客に対してアプローチすることで、売り上げ拡大を狙った。過去取引があった企業に目に留めてもらうため、新たにリリースしたサービス(T会員のWEB行動データの活用)を引き立たせる内容にした。

・販促企画

T会員などに対して、DM、メール、WEB広告、TSUTAYA店頭でのプロモーションといった多彩なマーケティング施策が可能であることを訴求した。

・ターゲティング/リスティング

過去において、T会員のターゲティング・プロモーションを行ったことがあり、直近2年間、利用がない法人クライアントの販促担当者。

クリエイティブ

9業種ごとに表紙と内容を変更
絵本型DMで保存率アップ狙う

DM送付先となった法人顧客は、業種が多岐にわたる。そこで、どの業種の販促担当者がDMを見ても"自分ゴト化"できること、さらに一度読むだけで理解しやすい内容と表現にすることを目指した。

送付先の企業は「健康関連」や「不動産」など9業種に分類し、業種ごとにDMの内容を変更した。例えば「健康関連」企業向けであれば、表紙に「もしも6500万人のT会員の中から『健康食品』や『ヘルスケア』の情報をお届けするなら」というコピーを目立つように記載し、受け取った販促担当者が、自社の業種に直結するDMであることを分かりやすく表現した。

DMの形状は絵本にした。その理由についてCCCマーケティングの松浦絵里氏は「TSUTAYAでは書籍も販売していますので、当社が送付するDMと絵本とは親和性が高いと考えました」と話す。

絵本の内容は、T会員のデータが、属性、購買履歴、WEB行動履歴などの情報によっ

基礎情報

☑ 企業概要
(主な商品、サービス、ビジネス内容)
企業のマーケティング課題のソリューションサービス

☑ 主なターゲット顧客層
企業のマーケティング・販促担当者

☑ ダイレクトマーケティングツールの活用状況
これまでは営業担当による電話のみで、ダイレクトメディア・ツールは活用していなかった

なぜDMを使用したのか

本物の絵本のような設計で目を引き、新サービスをアピールすることで、休眠顧客を活性化するのが目的。新規顧客には自社の強み、特徴を把握してもらい、営業時におけるサービス説明の効率化につながった。

て徐々にセグメンテーションされていく様子を直感的に伝えるもの。絵本の切り抜き窓を使い、ページをめくるたび、データが絞りこまれていく様子を視覚化した。最終ページには、何人のT会員にアプローチできるのかを具体的な人数で記載した。

またCCCマーケティングの営業担当者の似顔絵を掲載し、あたかも営業担当者が、対面でサービスの説明をしているかのようなストーリー展開とした。

実施効果

発送後にすぐに商談へ
営業を支援するツールに

DM発送から1カ月あまりで41社と商談（レスポンス率22％）、そのうち6社から受注に至った。DM経費に対するROI（投資利益率）は500％に達するなど、実施前の想定を大きく上回る反響となった。

DMの送付先からは「数多く届くDMの中で、一番目を引いた」「面白いので社内での啓発に活用したい」という声が多く届いた。同社の石井大樹氏は「内容が分かりやすいと好評で、別部署へも回覧してDMを共有している企業が複数ありました。今回のDMは、休眠顧客の復活だけでなく、新規顧客の開拓への可能性も秘めていると感じました」と話す。

CCCマーケティングの営業担当者が、アプローチする際も、今回のDMは効果的に機能。訪問先の販促担当者が、事前にDMでサービス内容を把握していたため、商談もスムーズに進む結果となった。

POINT 2
ページをめくるごとにセグメントが絞られていく様子を、絵本の切り抜き窓の手法を使うことで、直感的に分かるようにした。

審査会の評価点

戦略性 / ★★★★⯪
クリエイティブ / ★★★★★
実施効果 / ★★★★⯪

審査委員講評

DMが、「情報」ではなく、「プレゼン」になっている点が素晴らしい。アイデアだけでなく、構成、クラフトと、丁寧に磨き上げられている。こういう部分が、受け取った人に大きなインパクトを与え、高い効果をもたらすのだと改めて確認できた作品です。　佐藤夏生

BtoBソリューションは複雑性が高く、自社や自部門の課題に適用したイメージには翻訳が必要になります。このDMはターゲット属性に合わせて、翻訳したものをつくりきり、非常にわかりやすく興味喚起しているのが秀逸でした。　山口義宏

会員データベースからアプローチできる件数が、抽出項目別にページをめくると表示されるという構成は、マーケティング担当者にとっては非常にリアルで魅力的。BtoBのDMとして高い受注率にも納得できます。
椎名昌彦

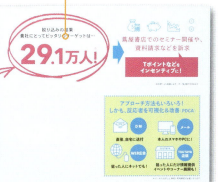

・DM診断・

ここが秀逸！

T会員のセグメント情報をもとに提供するDM。リストの有用性を、読み進めることで実感できる絵本DMとして業種・業態ごとに制作し、ターゲットの問題意識にピンポイントで刺さる内容を実現。One to Oneのバリアブルなクリエイティブを上手く活用した。BtoBでありながら、181通の発送からレスポンス41件、受注6件という高い反応を集めたことを評価した。

DM AWARD 2018 金賞 GOLD

ミリ単位で開発の箱型DMと4回のフォローDM

商品価値を高め、伴走でサービス満足を上げる丁寧DM

» 広告主　生活総合サービス
» 制作者　ダイレクトマーケティングゼロ、ココロネ

staff　Adv 川本紗矢香　Dir 萩原良子　Pl 樋口慎司　CD 床井奈美、ココロネ　AD 飯牟礼陽子　Pr 田村雅樹

POINT 1
箱はミリ単位の設計で何度もつくり直し、150回を超える発送テストを実施。到着率を99.5%にまで高めた。

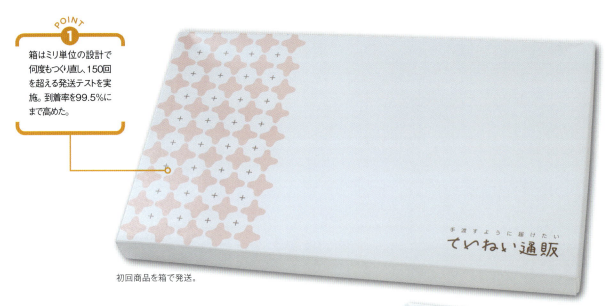

初回商品を箱で発送。

それぞれのツールを配送中に動かないようジャストサイズでセット。商品をマグネット付きのサプリケースに入れて後で活用出来る工夫も。

左から、ダイレクトマーケティングゼロの水谷葵氏、樋口慎司氏、田村雅樹氏、生活総合サービスの川本紗矢香氏、戸田良輝氏、山本英雄氏

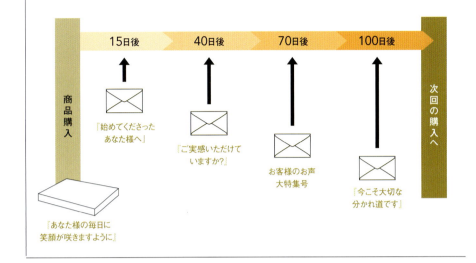

DM施策の全体図

通販サプリの梱包を従来の封筒から箱に変更して"商品価値"を向上。発送後、顧客がサプリを飲み続けられるよう"伴走"するフォローDMを行った結果、定期購入の継続率がアップ。商品画像がSNSに投稿されるなど成功を収めた。

戦略性

主力商品の継続購入率とクロスセル率アップの両立を狙う

主力商品であるコラーゲンサプリ『すっぽん小町』の定期購入の継続を促進するDM。低価格の競合商品も多く、またサプリ商品の特性上、効果を実感するまでに時間がかかるため、定期購入し始めてから4ヵ月の間に解約する顧客が多いことが課題となっていた。また関連商品『SPプレミアムコラーゲン ゲル』を開発するも、クロスセルにつなげられていない課題があった。

・マーケティング方針

今回のDM施策では『すっぽん小町』の商品価値を高めて継続購入率をアップさせること、また『SPプレミアムコラーゲン ゲル』のクロスセル率の向上を目指し、CRMを見直した。

具体的には、初回商品を梱包するパッケージを改善し、商品発送後、4回のフォローDMを実施。商品1袋目が半分になるタイミングの15日目DMでは、顧客の不安を払しょくしながら期待感を高めるもの、2袋目の飲用が始まる40日目DMでは中だるみ防止といった形で、離脱時心理と時期を特定し、仮説を立て、ABテストを行った。DMと同時期に送付したメルマガと連動させて、サプリを飲み続けられるように顧客を励まし、いっしょに寄り添う"伴走者"としてサポートした。

・販促企画

『すっぽん小町』の初回発送時には、『SPプレミアムコラーゲン ゲル』のミニサイズを同梱し、購入キャンペーンを案内、クロスセル率向上を図った。

・ターゲティング／リスティング

『すっぽん小町』の定期購入会員。

クリエイティブ

ポストに入る「箱」を研究し商品未着を防ぐ

『すっぽん小町』の商品価値を高めるため、封筒での送付から箱へと変更した。しかし、新たに制作した箱は、顧客宅のポストに入らないケースが多発。未着率の高さが新たな課題となった。

そこで未着率を減らすため、150回を超える発送テストを実施し、ミリ単位で箱の設計を調整。こうした試行錯誤を重ねていき、到着率を最終的には99.5％にまで高めた。

商品は、マグネット付きの専用ケースに入れ、サプリの継続利用がしやすい工夫を施した。レターや商品を紹介する読本、会社紹介とい

目的	継続顧客化
DMの役割	継続率の向上
発送数	3万通
効果	定期継続率のアップ
ターゲット	定期会員

基礎情報

☑ 企業概要
（主な商品、サービス、ビジネス内容）
健康食品、化粧品等の通信販売業

☑ 主なターゲット顧客層
美容健康に関心の高い層

☑ ダイレクトマーケティングツールの活用状況
コミュニケーションツールとしてDM、メルマガ等を発行

なぜDMを使用したのか
商品価値を高めて継続購入率をアップさせること、クロスセル率の向上を目指し、CRMを見直した。

った同梱物には、それぞれ異なった社員を登場させ、語りかけ口調のコピーで丁寧さを演出。全社を挙げて顧客をサポートしている姿勢を示した。

また関連商品『SPプレミアムコラーゲン ゲル』の試供品や紹介冊子も同梱。箱の中における『すっぽん小町』と『SPプレミアムコラーゲン ゲル』の占有面積を6対4になるようにし、主役商品と準主役の関係性を、感覚的に伝えながら、クロスセル率のアップを図った。

初回商品発送後は、4通のフォローDMを発送。商品到着日からの15日、40日、70日、100日と経過日数に応じた内容で送付し、サポートの丁寧さを印象づけた。いずれもサプリの継続飲用を励ます内容で、温かみのあるイラストと手書き文字を配した封筒を使用。同社担当者からの私信感を強めることで、顧客と"伴走"しているようなスタイルとした。

実施効果
定期残存率が改善、DMは顧客と友人関係が結べる可能性も秘める

以前から『すっぽん小町』では、定期購入についてのお届け前確認メールによる一時的な解約率の上昇が課題だった。本DM施策を実施後、年間の契約残存率が上昇。また、同梱した『SPプレミアムコラーゲン ゲル』の反響も良く、クロスフォローDMを追加で行うことが決定した。

一貫して丁寧さを重視したコミュニケーションが奏功し、顧客からお礼の手紙も届き、インスタグラムにはお届け箱や商品の写真が多数投稿された。

生活総合サービス マーケティング部の川本紗矢香氏は、「DMというよりも、お客さまに届ける"お手紙"という感覚を大事にしてDM制作にあたりました」と話す。また同部の戸田良輝氏は「DMにおけるコミュニケーションは"あなた（顧客）のため"がいかに伝わるかが鍵だと思います。あなた（顧客）と私（企業）がしっかりと明確化されたコミュニケーションを取れば、顧客と友人のような関係を結ぶこともでき、心を開いてくれるのではないかと、今回の施策から実感しました」と振り返った。

POINT 2 箱の中における「主役（＝すっぽん小町）」と「準主役（＝SPプレミアムコラーゲン ゲル）」の占有面積を6対4として、2商品の関係性を感覚的に伝え、クロスセルにつなげた。

POINT 3 フォローDMは、生活総合サービスの担当者が顧客に寄り添い、いっしょに"伴走"しているような内容とテイスト。

GOLD

> POINT 4
> 日別の解約分析を行い、離脱心理と時期を特定。注文日からの経過日数に応じた内容にした。

4種のフォローDM。

審査会の評価点

戦略性　　／ ★★★★★
クリエイティブ　／ ★★★★☆
実施効果　　／ ★★★★☆

審査委員講評

単品通販の本質とはLTVを最大化するところにあります！このDMは顧客満足度アップ、クロスセル率アップを誘導するためにとても上手く設計されています。さらにその後のDMも含め、全体の手書き風の統一感など、とても上質なDMでした！　　加藤公一レオ

競合が多く、レスポンス率の低下等の課題を抱える業界の中で、CRMの視点からDMの全体的設計を見直し、細部にわたる細やかな気遣いを感じさせるDMです。さらなる可能性を感じさせられました。　柿尾正之

利用者が定着できない理由を的確に捉え、ホスピタリティあふれる連続施策で定着マインドを丁寧に醸成し続けました。心理的ファネルごとの伝えるべきメッセージと伝わるDMの形状は施策の成功を約束する納得感があります。接客設計がお見事。　城下博行

・DM診断・

ここが秀逸！

通販会社のDMとして、とても教科書的で、抜けや漏れのない完成度の高さが光った。配達で持ち帰りにならないよう、郵便ポストに入る最適なサイズを、厚み、幅などをテストから見つけ出し、結果として99.5％の到着率を達成した。その努力と追求する姿勢が非常に素晴らしかった。複数信の構成でも、それぞれの位置づけやタイミングの精度、クオリティも高かった。

1社ごとに異なる映像で感動体験を

貴方の会社が突然主人公になる！360度VR　DM∞

» 広告主　ダイレクトマーケティングゼロ
» 制作者　ダイレクトマーケティングゼロ

staff　Adv／Pr 田村雅樹　Pl／Dir 森川翔太　AE 古田哲也　AD／D 小泉典子　Movie（VR）HERETIC inc.

POINT 1　年賀状DMは赤色のパッケージで、お正月感を演出した。

VRメガネ入りDM

POINT 2　同梱したVRメガネをスマホに装着することで、360度VR映像が見られる。

左から、ダイレクトマーケティングゼロの赤川結花氏、上原涼子氏、田村雅樹氏、水谷葵氏、樋口慎司氏、石原雄太氏

DM施策の全体図

クライアントへの年賀状DMにVRメガネを同梱し、360度VR映像の閲覧を誘導。送付先ごとに異なる映像を撮影し、送付先にちなんだ内容とすることで驚きを与えた。本DMは、クライアントにダイレクトマーケティング施策の企画力をアピールする機会となり、問い合わせや受注につなげた。

目的	新規案件の獲得
DMの役割	DMの中期的投資の効果に気付いてもらう
発送数	2000通
効果	問い合わせや受注が大幅アップ。VR映像の閲覧率は86%
ターゲット	既存顧客、休眠顧客、見込み顧客、協力会社、外部スタッフなど

戦略性

DMの可能性が広がる企画に挑戦

ダイレクトマーケティングゼロは、EC／通販コンサルティングおよびLP・DMなどクリエイティブの戦略企画を行う企業。今回の受賞作は、クライアントに向けて送ったものである。同社の田村雅樹社長は「クライアント自身に、期待値を超えた感動という"顧客体験"を味わってもらいたかった」と話す。

・マーケティング方針

通販事業における、ロイヤルティ育成には「顧客の期待を超える」ことが必要だが、短期的な効率重視の傾向が強まり、クライアントがチャレンジングな試みを実施しにくい環境にある。

そこで、同社がクライアントへ年賀状を送付するにあたり、感動体験が得られるDMとすることで、クライアントにDMの中期的な効果や可能性に気付いてもらうことを狙った。通販業界全体のさらなる発展も見据えての取り組みでもあった。

・販促企画

DMの受け手となるクライアントに、「自分たちもDMを作ってみたい」と思ってもらい、通販コンサルティングやDMの企画・制作を受注することを狙った。映像を活用したDMとし、同社がオンとオフを統合した企画にも強みがあることを伝えた。

・ターゲティング／リスティング

法人の既存顧客（休眠顧客を含む）2000社に発送。その中から50社に対して、1社ごとに360度VR映像を個別撮影し、その映像が見られるDMを送付した。

クリエイティブ

クラブを貸し切り社員総出で360度VRコンテンツを撮影

DMのコンセプトは「∞（無限大）」。これには「見方を変えれば世界は変わる」というメッセージが込められているとともに、同社の創立8周年にちなんで「8」を横向きにした形状で設定したものだ。

映画のパンフレットを模した冊子には、映像の「キャスト」として社員を紹介。「境界線を、突破せよ」というコピーを入れ、8年目においても、業界の既成概念にとらわれることなく、成長を阻むものを「突破」していきたいという想いを込めた。

挨拶状の裏面や冊子の最終ページに記されたQRコードにスマートフォンをかざすと、

基礎情報

☑ **企業概要**
（主な商品、サービス、ビジネス内容）
通信販売に関するコンサルティング、企画・制作業務

☑ **主なターゲット顧客層**
通販企業及び通販事業立ち上げを検討している企業

☑ **ダイレクトマーケティングツールの活用状況**
BtoB企業のため、通常では活用しないが、年賀状は同社のクリエイティブを体験してもらう機会と考えている

なぜDMを使用したのか

短期効率を重視する通販業界のあり方に思考の広がりを出したかった。ロイヤル顧客育成のためには「期待を超えることが必要」と考え、クライアント自身の、心を動かす、感動体験ができるDMを送付した。

特設サイトに飛び、映像を閲覧できる。映像は、社員が常識にとらわれずに、8周年を楽しんでいこうと盛り上がるストーリー。パーティ会場のシーンで映像が一旦止まり「パーティ会場にご参加ください！」というアナウンスが流れる。DMに同封された、VRメガネをスマホに設置し、映像を見るとそこはまるでパーティ会場の中心に自分がいるよう。360度VR映像が見られる仕掛けだ。

映像の撮影は、都内のクラブを貸し切り、全社員とエキストラが出演。送付先となる50社については、映像の中に、クライアントのロゴや商品を登場させ、1社1社映像を制作。DMの受け手がパーソナルな体験ができるようにした。

実施効果

この感動を
自社の顧客にも届けたい

直接効果として、「顧客に同じ驚きを届けたい」とする問い合わせや受注が大幅にアップ。CRMを重視した案件の受注につなげた。

360度VR映像の閲覧率は86％。SNSでの投稿も見られた。田村氏は「DMのクリエイティブにコストも手間もかけることは、企業内で賛否両論を呼ぶかもしれないが、緻密な設計と心を揺さぶるようなDM体験こそがロイヤルティ育成への道だと信じている」と話す。

また本DM施策の反響が社内のモチベーションアップになり社員の結束力も高まった。

POINT 3 同梱した冊子は、映画『8 Mile』をモチーフにして、映画プログラムを模して作成。

GOLD

POINT 4
360度VR映像は、クラブを貸し切り、社員とエキストラが出演して、クライアント企業1社ごとに違う内容で撮影した。

POINT 5
会社の8周年にちなみ、「∞（無限大）」がDMのコンセプト。

挨拶状

審査会の評価点

戦略性	★★★★★
クリエイティブ	★★★★★
実施効果	★★★★☆

審査委員講評

360度VRというただでさえ手間のかかるコンテンツ作成にもかかわらず、受け手に合わせて複数のパターンを撮影するという点には本当に驚きました。最新技術の活用においても、最も重要なのは手間をかける熱意だなと考えさせられます。
　　　　　　　　　　　　徳力基彦

守りに入りがちなクライアントを鼓舞したいという課題にも、意表をつく斬新なアプローチで見事に解決。360度VRを個別のシナリオで届ける、手紙で思いを伝えるなど、感情に訴える表現バランスが絶妙なDMです。
　　　　　　　　　　　　明石智子

期待度が高いと満足のハードルが上がるし、受け手に手間と時間を要求するなら、それを上回る驚きと喜びが必要です。この手のDMは、テクノロジーを体験してみた後、がっかりすることが多い。しかし、このVRは、テクノロジーに期待させて、送り手がかけた手間と時間に驚かされる。おいおいそこまでするのか、と。そのずらしが格段にうまいです。
　　　　　　　　　　　　木村健太郎

・DM診断・

ここが秀逸!

年賀状DMということで、インパクト重視になりがちなところを、ストーリー仕立てのコンテンツで、受け取った相手に感情移入させる力があった。VRを使いながらも、テクノロジーの力にコンテンツが負けていないところもポイント。テクノロジーを使った仕掛けとコンテンツへのこだわり、ターゲットリレーションも含め、非常にハイレベルでバランスが取れている。

審査委員特別賞
クリエイティブ部門

銅板の重厚感で記憶に残る「お年玉」付き年賀DM

株式会社ドリッパーズ
2017年賀DM

» 広告主　ドリッパーズ
» 制作者　ドリッパーズ

staff　CD／Pl／AD／Web 川久晋悟　AD／D 田村緒里絵　I／D 竹本 陽　協力 西村麻衣子、竹本麻木歩、岡田奈津美（Triton Graphics）

POINT 1
ひんやりとした触り心地や、重量感は銅板ならでは。

POINT 2
ドリッパーズという社名の由来が伝わる「抽出」がDMのテーマに。

戦略性

クロスメディア施策をデザインできる自社の特徴をアピール

2016年6月に設立したデザイン会社・ドリッパーズは、2017年の年賀状DMを制作。「新年・設立のご挨拶」、「認知度の向上」、「実績づくり」の3つを目的とし、取引先や制作会社、外部パートナー向けに発送した。

社名の由来が伝わるものとして、「抽出」をDMのテーマに設定。また同社の特徴である、表現する媒体は問わずデザインしていること、作って終わりではなく周囲を巻き込みながら企画を完成させていくこと、が伝わるDM施策になるよう心掛けた。

年賀状は、「熱抽出」ができる、銅板で作成。さらに協力を仰いだ近隣4店舗のコーヒーショップに年賀状を持っていくと、コーヒーが購入できる仕組みとし、「お年玉」として独自通貨の機能を持たせた。

WEBサイトでは年賀状DMの企画説明とコーヒーショップを紹介。年賀状DMが届かなかった人も、リクエストできる導線として「年賀状欲しい」ボタンを設置。既存顧客以外の層にも広くアプローチできる設計とした。

クリエイティブ

視覚と聴覚を刺激する銅板のDM

ドリッパーズは、デジタルコンテンツを扱う会社ではあるが、新年を迎えて最初に送る手紙という位置づけから、印刷物の「年賀状」にこだわって企画。手に届く形のあるものとして記憶に残ること、視覚と触覚を通して伝わるワクワク感と驚きを創出することを狙い、重厚感や質感が特徴的な銅板に印刷した。「年賀状が届いた」と受け手に思ってもらえるサイズを検証し、安全性を考え銅板の角は1枚ずつ丸く削っている。開封時のインパクトを狙うべく、封筒には光を吸収するトレーシングペーパーを採用し、あえて金属の質感を消した。「お年玉」という表現モチーフも、独自通貨という形でリアリティを付与し、捨てられないDMにした。

実施効果

既存顧客以外の層にも周知　新しい仕事の相談も

施策の効果は、問い合わせ数、SNSシェ

♛ SILVER

目的	認知拡大
DMの役割	自社の企画力・多様性のアピール
発送数	230通
効果	ターゲット以外にも広く周知
他媒体との連動	WEBサイト、ソーシャルメディア
ターゲット	取引先、制作会社、外部パートナー

左から、ドリッパーズの竹本陽氏、川久晋悟氏、田村緒里絵氏

POINT 3
年賀状でコーヒーが購入できる、提携コーヒーショップを案内。

基礎情報

☑ **企業概要**
（主な商品、サービス、ビジネス内容）
WEBサイトやスマートフォンアプリの企画制作を中心に、サービス、コンテンツ、プロダクトの企画・制作・開発・運営を手掛ける

☑ **主なターゲット顧客層**
広告主

☑ **ダイレクトマーケティングツールの活用状況**
クライアントワーク及び自社プロジェクトにおいて、デジタルコンテンツと連携したクロスメディア施策としてDMを活用

なぜDMを使用したのか
デジタルコンテンツを扱う会社であるからこそ、手元に届く形あるDMはインパクトがあり、重要なメッセージを届けられるツールだと判断した。

ア数、コーヒー変換数、来社数で測定。「最も印象に残った年賀状だった」といった声とともに、技術や費用に関する問い合わせが寄せられている。提携したコーヒーショップからは新規の仕事相談も受け、グラフィック×WEB×店舗といったクロスメディア施策を企画・デザインできる組織として認知を上げた。SNS連携企画ではないものの、届いたDMがシェアされ、また提携店舗による告知もあり、既存顧客以外の層にも施策が周知される結果となった。

審査会の評価点

戦略性	★★★★☆
クリエイティブ	★★★★★
実施効果	★★★★☆

審査委員講評

銅板なのに銀賞ですが、個人的にはグランプリです。銅板のシズルが理屈を超越した意味不明なインパクトを生み出している。無駄に重くて硬くて冷たくて、なぜかうれしい。なんなんだこの違和感。しかもそれがクーポンになっているではないか。さらに年賀状欲しいボタンは、DMの新しいアイデアとしか言いようがない。全てが生活者側から発想されている遊び心にあふれた素晴らしい作品だ。やられた！　木村健太郎

・DM診断・

ここが秀逸!

デザイン会社の年賀状DMとして、クリエイティブへのこだわりが感じられた。銅板の両面シルク印刷や、社名にかけた仕掛けも手がかかっている。DMを受け取っていない人向けにも、WEBサイトから入手できる仕組みを盛り込むなど、DMを起点にSNSによる拡散も視野に入れたところに企画力の高さが表現されていた。

**審査委員特別賞
クロスメディア部門**

ティーザーDMの「謎」が、釣り愛好者の好奇心を刺激

拡散型DMによる新製品発売プロモーション

》広告主　**GAMAKATSU PTE LTD**
》制作者　**フジプラス**

staff　Adv 村松将年　AE／Dir 脇村浩　Pl 髙田篤

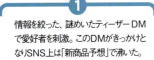

POINT 1
情報を絞った、謎めいたティーザーDMで愛好者を刺激。このDMがきっかけとなりSNS上は「新商品予想」で沸いた。

戦略性

**愛好者に優先的に情報提供
発売前から購買熱を高める**

　GAMAKATSUは、磯釣り専用の上級者向け釣竿「がま磯マスターモデル」を10年ぶりにフルモデルチェンジした。釣竿の新製品は、発売当初の販売数（初速）が、以降の売れ行きを大きく左右する。だが高額ラインの製品は初速の見込みが立てづらい課題があった。従来、発売1カ月前から販売店への販促支援を行ってきたが、初速を高めるには、発売前から購買熱を強くあおる新しい策が不可欠と判断し、本DM施策を企画した。
　同社のロイヤル顧客である釣り愛好者は、道具に対する思い入れが深く、コミュニティー意識も高い。そこで、ロイヤル顧客を媒介とした話題先行型プロモーションを実施

することに。まず発表1カ月前（発売約2カ月前）に商品情報を伏せたティーザーDMを送付。その後、釣専門誌にも同クリエイティブのティーザー広告を出稿し、Facebook上へ誘引。Facebookで商品発表までのカウントダウンをしつつ、発表約1週間前（発売約1カ月前）には、商品情報を掲載した先行発表DMを送付した。最も販売効果が期待できるロイヤル顧客へDMで優先的に情報を提供し、一般消費者への情報公開は雑誌、継続的な情報公開はFacebookと位置づけ、新商品発売の拡散を図った。

クリエイティブ

**情報拡散が目的のDMは
情報を絞り込む**

　ティーザーDMは、はがきを採用し、商品

情報は載せず、商品デザインをぼかしたイメージと「覚醒」のキャッチフレーズ、カウントダウン告知といったシンプルな構成で印象付けた。愛好者が話題にのぼりやすいつくりを意識して制作している。続く先行発表DMは、ティーザーDMとの連動性を持たせながら、製品特徴をビジュアルで伝え、愛好者のロイヤルティを刺激するため、冊子タイプを採用した。

実施効果

**商品発売1週間前に
受注数量が初回生産ロットに到達**

　ティーザーDM送付後、釣り愛好者のブログには、DM画像とともに「新商品予想」などがアップされ話題を呼んだ。先行発表DM送付後は、評価や期待コメントなどが

SILVER

左から、フジプラスの髙田篤氏、GAMAKATSUの村松将年氏、フジプラスの脇村浩氏

POINT 2
「覚醒」のキャッチフレーズは販売店における新商品告知でも使用された。

POINT 3
ティーザーDMから約1カ月後、同じ対象者に対して、公式発表前に、先行して新商品の情報を提供するDMを発送。

目的	新商品の認知拡大
DMの役割	発売前の期待感を醸成
効果	発売1週間前に受注数量が初回生産ロットに到達
他媒体との連動	ソーシャルメディア、雑誌広告
ターゲット	ロイヤル顧客

基礎情報

☑ **企業概要**
（主な商品、サービス、ビジネス内容）
釣り具関連商品の製造販売、企業投資

☑ **主なターゲット顧客層**
釣り愛好者

☑ **ダイレクトマーケティングツールの活用状況**
コンシューマ向けには、会員へのメルマガ程度でしたが、本プロモーション後は、Facebookが情報発信のメインツールになった

なぜDMを使用したのか
ティーザーDMの役割は情報拡散。コミュニケーションの舞台をSNSへ移行させ、情報を絞り込んだ。また商品発表前に詳細DMを送付しロイヤルティを刺激した。

多数拡散された。その結果、商品発売の1週間前には、販売店からの受注数量が初回生産ロットに達した。

商品発表後は、販売店のサイトや店内の告知でDMのキャッチフレーズが使用され、さらなる情報拡散につなげた。公式Facebookのフォロー数は、ティーザーDM送付後2週間で1.2倍、先行発表DM送付後2週間で1.5倍となり、誘引効果も実証した。

審査会の評価点

戦略性	★★★★★
クリエイティブ	★★★★☆
実施効果	★★★★☆

審査委員講評

郵送費用を考えると情報をてんこ盛りにしたくなりがちなDMをあえてティーザーの告知のみにしぼり、その後のフォローをFacebookで行うという割り切りには感動すら覚えます。ファンの方々の笑顔が見えてくるような気がする企画でした。　　　　　徳力基彦

・DM診断・

ここが秀逸!

老舗釣り具メーカーの新製品告知DM。拡散された情報の質とスピード、実施効果から、非常に濃厚な顧客リストを持っていたことが窺える。商品発表に先駆けてコアターゲットにティーザーDMを送るなど「特別感」「期待感」を刺激し、クロスメディア展開を爆発させる発信源に利用した。愛好家のインサイトを熟知した構成、クリエイティブが素晴らしかった。

銀賞
審査委員特別賞 実施効果部門

緩急あるコミュニケーションで単品から3品ライン購入へ転換

複数クロス率が8倍に！ツンデレクロスDM

» 広告主　未来
» 制作者　ダイレクトマーケティングゼロ、アド印刷

staff　Adv 水谷昌隆　Pl／Dir 上原涼子　D アド印刷

POINT 1 美容液の単品トライアル購入時の箱型DM。メイクで隠しきれなくなった素肌＝ピンチ肌を脱出するためのガイドブックなどを同梱。

POINT 2 1信は、冊子風の圧着DM。顧客の声などで誠実さを持たせた。

戦略性

3信のDMでじっくり検討 メルマガでフォロー

　化粧品の通販業界は競合が激しく、既存顧客のLTV（顧客生涯価値）向上が課題。未来では、美容液の単品のトライアルから、化粧水、クリームを合わせた3品のライン使用への転換を促しLTVを向上すべく、美容液のトライアルを入り口とした施策を企画した。だが、いきなり「3品のライン使いが基本」と売りを強めるのは企業勝手な論理。そこで、親身で丁寧な接客（デレ）と強いクロージング（ツン）を織り交ぜ、「ツンデレ」をコンセプトにコミュニケーションを設計した。既存顧客の購入パターンを分析してLTVの最大化をシミュレーションし、DMは変化球のある3信を用意した。まず1信目は誠実さを演出し、丁寧なカウンセリングや顧客の声で好感度を高めることに注力した。2信目は、誠実な接客者から強いクローザーへの転換点という位置づけで、サプライズクーポンを付けて静かなあおりを演出した。3信目は強いクロージングで、「3品のライン使いが基本」というメッセージを前面に打ち出し訴求した。

　また、メルマガでは、生活習慣や肌ケアのコツ、商品の使い方、定期コースに対する質問への回答など、お役立ちネタを発信することでブランド好感度を上げ、DM施策をバックアップした。なお、日別の分析により単品からライン購入へ転換するタイミングを特定し、顧客の態度変容に合わせてDM仕様や着信日、メルマガの受信日なども細かく設定した。

クリエイティブ

段階的なコミュニケーション 2信、3信は締め切りを明確に

　3種それぞれ判型や仕様、紙を変えることで、興味喚起を高めた。

　1信は冊子風の圧着DMで「肌ケア読本」となるようにした。カウンセリングやアドバイス、顧客の声で、顧客の肌をサポートする「応援団」という位置づけ。2信は封筒の窓から、「至急」の文字を見せ、バリアブル印刷で優待締切日を記した。開封率促進のため、「特別プレゼント」があることを封筒に記し、クーポンで商品購入の動機付けをした。3信

SILVER

左から、未来の水谷昌隆氏、伊藤窓射氏、ダイレクトマーケティングゼロの石原雄太氏

目的	継続顧客化
DMの役割	ライン購入によるLTVのアップ
発送数	1万3000通
効果	LTV 1.3倍
他媒体との連動	メルマガ、LP
ターゲット	美容液のトライアル購入者

基礎情報

☑ **企業概要**（主な商品、サービス、ビジネス内容）
化粧品の通信販売

☑ **主なターゲット顧客層**
3品のライン使いをしていない既存顧客

☑ **ダイレクトマーケティングツールの活用状況**
注文促進、コミュニケーション、ロイヤル顧客化のために、DMやメール、LPといったメディアを組み合わせて訴求

なぜDMを使用したのか
WEB系広告は限定特典などで衝動買いを促す強さがある一方、顧客にじっくり検討してもらい納得して購入してもらうにはDMが有効と考えた。

POINT 3 2信は、封筒の窓から優待締切日を見せるなど、購入を後押し。

POINT 4 3信は、宛名面に特典と、バリアブル印刷で締切日を入れ、3点セットを案内。

の圧着はがきには、宛名面に特典とバリアブルの締切日を入れ、3品のライン使用を強く促した。

実施効果

3品クロス比率は8倍 複数定期コースの比率が拡大

DMに絡め30日間に12通送信したメルマガやLP（ランディングページ）施策も手伝って、対前年比クロス率は6.6倍に。3品クロス比率は8倍となった。LTVは1.3倍に上昇した。「肌が生き返った感じ」、「薄化粧で済むようになった」など、3品のライン使いによる効果に対して顧客からの嬉しい声も多数寄せられた。

審査会の評価点

戦略性	★★★★☆
クリエイティブ	★★★★☆
実施効果	★★★★★

審査委員講評

単品通販のプロから見てシナリオ設計・戦略・クリエイティブともに最高品質のDMだと思います！全体のツンデレ感にも萌えました（笑）。さらにステップメールとの連動やLPへの誘導など基本に忠実なクロスメディア設計も評価できます！　　加藤公一レオ

・DM診断・

ここが秀逸！

3信構成で、それぞれの商品をアピールする語り口が丁寧。DM発送のタイミングも計算されており、結果として高いクロスセル率を記録した。DMだけではなく、同時期にメルマガも12通発信し、紙とデジタルの複合効果を狙い、実績につなげているところが素晴らしい。DMにとどまらない、全体構成でも丁寧かつ手抜きのないプログラムになっている。

顧客データ収集で常連客とのコミュニケーションに変化
顧客リスト収集DM

>> 広告主　味一番
>> 制作者　味一番

staff　Adv 中村寛善　Pl 田川俊樹

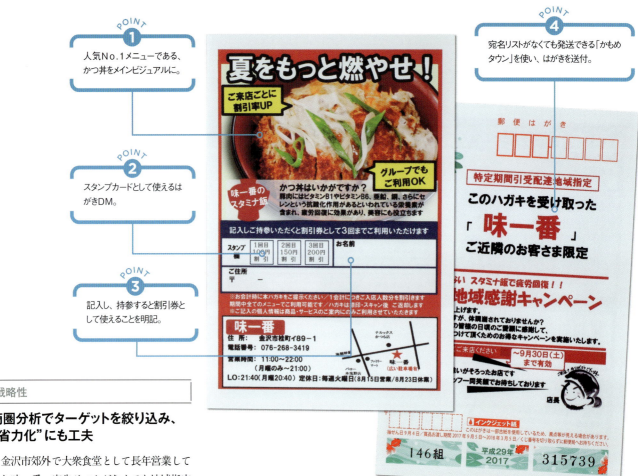

POINT 1 人気No.1メニューである、かつ丼をメインビジュアルに。

POINT 2 スタンプカードとして使えるはがきDM。

POINT 3 記入し、持参すると割引券として使えることを明記。

POINT 4 宛名リストがなくても発送できる「かもめタウン」を使い、はがきを送付。

戦略性

商圏分析でターゲットを絞り込み、"省力化"にも工夫

　金沢市郊外で大衆食堂として長年営業してきた味一番。宛先リストがなくても地域指定に配達できる「かもめタウン」を利用してはがきを発送し、近隣商圏の顧客の固定化と潜在顧客の掘り起こしを行ってきた。今回のDMは、ばらまき型の施策から脱却し、顧客にダイレクトにアプローチするべく、顧客リスト作成のためのデータ収集を目的とした。常連客でありながら名前も知らない、という状況に課題意識を持っていたからだ。そこで、過去に4回実施した無宛名郵便を使った施策の結果から商圏を分析し、レスポンス率上位の10町を選定。スタンプカードになるはがきDMを送付した。住所や名前をはがきに記入してもらい、来店すると、割引券になる仕組み。グループ利用が可能で、来店するごとに割引率を上げた。また、小型スキャナーを活用することで、顧客情報の収集作業にかかる従業員の負荷を減らし、レジで顧客を待たせない工夫も行い、優良顧客のデータを把握する仕組みを作った。

クリエイティブ

シンプルながら顧客視点の工夫が光る

　はがきDMのメインビジュアルは、前回のDMでも反響が大きかった、店の人気No.1メニューであるかつ丼に。撮影は店長が行い、疲労回復や美容にも役立つというメッセージや、「スタミナ飯」というキャプションを入れた。顧客情報の記入欄は、書き込みやすいよう、できる限り大きくスペースを取り、DMの中心に配置。店舗規模に応じた予算投資でDMを制作した。

実施効果

99件の顧客データを収集コミュニケーションが深まる

　過去に実施したDM施策の結果から、商圏分析ができていたことも奏功し、来店レス

SILVER

目的	優良顧客の育成
DMの役割	顧客データの収集
発送数	1450通
効果	99件の顧客データ収集
ターゲット	来店率が高い地域の住民

日本郵便 金沢中央郵便局の田川俊樹氏（DMの企画・制作を補助）

基礎情報

☑ **企業概要**
（主な商品、サービス、ビジネス内容）
金沢市郊外に店舗を構える飲食店

☑ **主なターゲット顧客層**
地域住民

☑ **ダイレクトマーケティングツールの活用状況**
新規顧客の獲得と継続顧客化のためにDMを利用

なぜDMを使用したのか
店舗規模に合った予算で施策の実施が可能であり、新規顧客開拓から優良顧客の育成フェーズに移行することができるため。

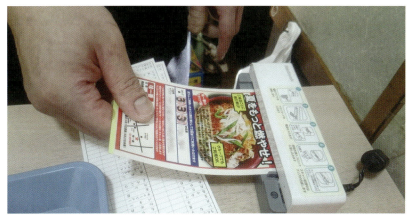

小型スキャナーを活用し、会計時の作業負担も少なく、顧客情報を画像で保存。

表計算ソフトを使い、小規模な投資予算で顧客リストを管理。

ポンス率は20％となった。施策による来店人数はのべ721人となり、目的としていた顧客リスト作成のためのデータ収集件数は、99件にのぼった。また、本施策により、常連客に対して名前を呼びかけながら接客できるようになり、顧客とのコミュニケーションを深めるきっかけとなった。さらに、グループ利用が可能なオファーにしたことで注文件数が増え、1来店あたりの売上金額の増加につながった。

審査会の評価点

戦略性　　／ ★★★★☆
クリエイティブ ／ ★★★☆☆
実施効果　／ ★★★★☆

審査委員講評

DMとデジタル技術の融合のメリットを得られるのは大企業だけではないということを再確認させていただいた企画でした。今回の企画を通じて常連顧客の名前が把握でき、名前で呼ぶことでコミュニケーションが深められるきっかけとなったという点が、非常に印象的です。　　　徳力基彦

・DM診断・

ここが秀逸!

地方の個人経営店のキャンペーンDM。かもめタウンを利用し、特定エリアからの新規顧客獲得を目指し、スタンプラリー参加による来店誘導で高いレスポンス率と売上向上を果たした。来店実績データを取得する仕組みまで用意し、地方の個人店舗でも明確に目標設定し、ROIを考えれば、はがき一枚でもパフォーマンスを上げられることを証明した。

DMとデジタル施策を密に絡め、業界内の話題に
アドビ アイコンコースター DM

》 広告主　アドビ システムズ
》 制作者　東急エージェンシー

staff　CD 渡辺コウキ　Communication Dir 河原大助　AD 田中ヒデナガ　D 中田嘉生、圓岡充史（terminal Inc.）　Media Pl 吉井光生　Promotion Pl 松原祐之介　Pr 出村光世

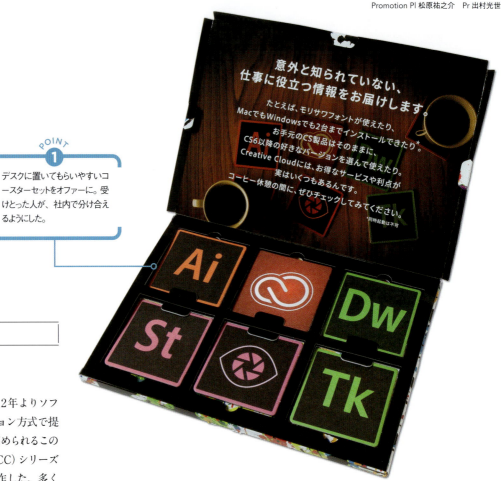

POINT 1 デスクに置いてもらいやすいコースターセットをオファーに。受けとった人が、社内で分け合えるようにした。

戦略性

DMとウェブ施策の緊密な連携

アドビ システムズでは、2012年よりソフトウェア製品をサブスクリプション方式で提供し始めており、作業効率が高められるこの新たなCreative Cloud（以後CC）シリーズへの切り替えを促すDMを制作した。多くのデザイン会社は社員数が少なく、経営者と現場のデザイナーの距離感が近いことが多いため、社内で新シリーズへの切り替えの会話が生まれるように、アイコン型コースターセットをDMに封入した。

また、同封したチラシのQRコードから応募すると、抽選で別のアイコンコースターセットが当たるキャンペーンを展開した。またDM送付エリアに週4回以上来訪するユーザーのスマートフォンにバナー広告を配信。CCのメリット訴求、DMのリマインド、キャンペーン応募の促進を狙った。さらに、DMを受け取っていないターゲットには、WEB上での記事広告や、SNSによる情報拡散でリーチを図るなど、デジタル施策との連動を密にして手厚くフォローし、話題性を高めた。

クリエイティブ

分け合えるオファーで話題を生みだす

ターゲット企業や同業界内での話題性を狙い、手に取った際のインパクトを重視した箱型のDMを設計した。また、デザイナーが、同社製品のロゴに強い愛着を持っていることに着目し、Illustrator（Ai）などの製品アイコンをモチーフにしたコースターセットを封入した。コースターの裏面には、CCシリーズ導入のメリットを明記し、職場内でコースターを分け合えるようにすることで、最新シリーズの話題が生まれる工夫をした。なお、DMで送付するAiモチーフのコースターと、景品でもらえるPhotoshop（Ps）などの製品アイコンモチーフのコースターは、あえて別のセットにすることで、ターゲットの収集欲をかき立てる展開にした。

実施効果

話題性が高まりエンゲージメントを獲得

デジタル施策も絡めてキャンペーンサイトへの誘引を図ったが、実際に手に取れるリ

♛ SILVER

左から、圓岡充史氏、松原祐之介氏、田中ヒデナガ氏

目的	継続顧客化
DMの役割	新シリーズへの買い換え促進
発送数	2万8000通
効果	デザイン業界内での話題化に成功
他媒体との連動	WEB記事広告、キャンペーンサイト、バナー広告配信
ターゲット	デザイン会社など旧CSシリーズを利用する法人顧客

POINT 2
コースター裏面には、商品新シリーズの導入メリットを記入。

POINT 3
箱型DMで、手にとったときのインパクトを重視。

基礎情報

☑ **企業概要**
（主な商品、サービス、ビジネス内容）
コンテンツやアプリケーションの作成・配信・最適化を支援するソフトウェアの提供

☑ **主なターゲット顧客層**
コンテンツやアプリケーションの制作に携わる法人や個人

☑ **ダイレクトマーケティングツールの活用状況**
自社の顧客情報を起点にした、デジタルマーケティングを多角的に展開。Eメールやダイレクトメール、及び、デジタル広告の配信を通じ、ユーザーとのコミュニケーションを図る

> **なぜDMを使用したのか**
> 実際に手に取れるリアルなDMを送付することで話題性を高め、SNSへの投稿を促し、エンゲージメントの獲得につなげるため。

審査会の評価点

戦略性	★★★★☆
クリエイティブ	★★★★★
実施効果	★★★★☆

審査委員講評

DMにおいて、ブランドを表現することは簡単ではない。が、この作品はまさにブランドが効いている！これが届いたら、わあ！って、テンションが上がるのがわかる。クリエイティブが、ROIを牽引している仕事の好例！
佐藤夏生

アルなDMを送付することで、「うちの会社にも届いた」などと、Twitter上でコースターに関する投稿が急増。業界内での話題性が高まり、結果的に多くのエンゲージメントの獲得につながった。ユーザーであるデザイナーに喜ばれるノベルティーを送付したことで、ブランド好意のさらなる向上にも期待できる結果となった。

・DM診断・

ここが秀逸！
デザイン制作会社を対象に、日常的に使用している製品のアイコンを模したコースターを送ったキャンペーン告知DM。コースターをフックにSNSで拡散させ、DMを受け取っていない人でもWEBサイトからもらえる仕組みとし多くのレスポンスを獲得した。DMとSNSの組み合わせで効果を上げた日本国内での代表事例のひとつになるだろう。

理工系志望高校生の
心をつかむDM

ライトノベル風オープンキャンパスDMで
入学不可避w

» 広告主　東京電機大学
» 制作者　フュージョン、自然農園

staff　Adv 細谷菜々　Dir 吉川景博、植松勇生　Pl 田村亮子、小船井香織　CD 城所裕衣　AD 澁谷智誉丸、鳥山人樹　I ホンダチヒロ

POINT 1
1回目のDMのテーマはライトノベル。「平凡な主人公が成長する」という高校生が共感しやすいストーリーで、受験を具体的に検討するための情報を掲載。

戦略性

ターゲットに寄り添ったDMを核に情報拡散を狙う

　東京電機大学のオープンキャンパスに来場した高校生は、例年同大学への志願率が高くなる。そのため全3回のオープンキャンパスの来場者増加を目的にDMを制作した。
　東京電機大学の特長はニッチな専門分野をとことん研究できる施設や環境が整っていることだ。理工系志望高校生も興味のある分野を追求する特徴がある。そのような高校生に大学に興味を持ってもらうため、ライトノベルなど多くの理工系志望学生が好む傾向があるテーマをDMに用いた。学生が興味を持つよう、コピーからイラストまで細部にこだわり制作した。また、公式サイトでは、オープンキャンパス案内ページにDM画像付きで案内を掲載。公式Twitterでは、DM画像を掲載して公式サイトへ誘導。オープンキャンパス当日の大学構内では、受付や廊下にDM画像を掲載したリーフレット、ポスターを設置。これらの施策によってSNSで拡散されることを狙った。なお、DMには本人情報印字済みのチケット付きで、来場時の記入が不要になる工夫も盛り込んだ。

クリエイティブ

理工系志望高校生の心をつかむための細やかな設計

　東京電機大学の魅力が伝わるよう、印象的なビジュアルと共に、オープンキャンパスのプログラムをテーマに沿って紹介。説得力のあるストーリー作りを心掛けた。
　またオープンキャンパスは全3回開催されるため、各回の目的とターゲットに合ったDMを発送した。DMのキーワードは「成長」だ。
　1回目のターゲットは高校3年生と既卒生で、テーマは「ライトノベル」。冴えない主人公が異世界へ導かれ成長していく、というライトノベル特有の設定を利用してオープンキャンパスのプログラムを紹介した。2回目のターゲットは関東近郊に住む学生で、テーマは「トレーディングカードゲーム」。DMに同封したカードを「未来への切り札」のシンボルとして、カードを持ってオープンキャンパスに参加することで、自分の未来が見つかることが体感できるようにした。3回目のターゲットは高校1・2年生で、テーマは「RPG風職業図鑑」。大学での学びによって目指すことができる職業を、魅力あるゲームキャラクター風のイラストで紹介し、ターゲットが将来像を具体的にイメージできるDMにした。

SILVER

左から、東京電機大学の古谷涼秋氏、フュージョンの城所裕衣氏、東京電機大学の細谷菜々氏、伴明美氏

2回目のテーマはトレーディングカードゲーム。カードを「未来への切り札」と設定し、高校生がオープンキャンパスで未来を発見できることを表現した。

3回目のテーマはRPG風職業図鑑。目指すことができる職業を魅力あるイラストやコピーで紹介し、高校生が自分の将来像を描けるようにした。

目的	大学志願者数の増加
DMの役割	オープンキャンパスへの誘導
発送数	6万5423通
効果	過去最高の来場者数（前年比117%）
他媒体との連動	公式サイト、Twitter、オープンキャンパス当日の大学構内
ターゲット	資料請求をした高校生・既卒生

基礎情報

☑ 企業概要
（主な商品、サービス、ビジネス内容）
大学6学部、大学院5研究科からなる理工系の私立大学

☑ 主なターゲット顧客層
理工系の研究分野に関心の高い受験生

☑ ダイレクトマーケティングツールの活用状況
オープンキャンパスでの説明会に加えて、受験生向けのWebやSNSで随時情報発信

なぜDMを使用したのか
若年層はオンラインでの広告接触に慣れており、DMが自分宛に届くこと自体新鮮に受け止めてもらえる。さらに、話題にしたくなるDMを送ることで、SNSでの拡散欲求を刺激することができた。

実施効果

前年比117%で過去最高の来場者数

SNS拡散の効果もあいまって、大学創立以来初となる1万人以上をオープンキャンパスに動員し、来場者数は前年比117%を記録した。また公式アカウントによるツイートのリツイート数が1025回となり、昨年同期間比135%となった。プロモーション関連投稿は150件以上、最も反応のあったツイートのインプレッションは14万9000件を超えた。DMとそれ以外の施策が連動し、学生間やTwitter上でDMのクリエイティブやストーリーが話題となった。

審査会の評価点
戦略性	/	★★★★☆
クリエイティブ	/	★★★★☆
実施効果	/	★★★★☆

審査委員講評
イベントごとに異なるターゲットのインサイトを捉えたメッセージ開発と、学校の"らしさ"を迷いなく表現したクリエイティブ。ターゲットに合わせた最適化と、ブランド表現の一貫性という相反する要素をみごとに両立しているのが印象的です。　山口義宏

・DM診断・

ここが秀逸！
オープンキャンパスへの集客を狙ったDM。3回のDMそれぞれにテーマを設定し、理系の現役高校生というターゲットに刺さりやすいライトノベル風のクリエイティブで確実にメッセージを届けた。DMだけではなくSNSへの拡散も構成に組み込んで成果につなげた点も評価できる。その狙いの正しさは、レスポンス率にも表れている。

大腸環境のステージに合わせて伴走「続けたい」気持ちを後押し

役割に合わせ人格が伴走！シナリオ型腸活応援プログラム

» 広告主　日清ファルマ
» 制作者　ダイレクトマーケティングゼロ

staff　Adv 片柳悠紀　Pl 樋口慎司　AE 赤川結花　Dir 佐々木恵子

いきいきステージ、はつらつステージ、晴れ晴れステージの3つのステージを用意し、商品メリットを啓発。

戦略性

継続利用に達成感と喜びを

　ビフィズス菌を「生きたまま」大腸まで届け、腸と体の健康をサポートするサプリメント「ビフィコロン」。

　新規顧客の獲得が好調である一方で、短期間での効果を期待する顧客が多いため、継続率の低さが課題だった。そこで日清ファルマでは、特に継続率の低い初期の6カ月（1～3回目継続）をフォローするプログラムを企画。3回継続すれば効果を実感することができ、半年後には理想的な腸内環境が叶う設計とし、段階を追いながら進む3つのステージを用意することで、「続けたい」という顧客の自発的な気持ちを後押しする内容にした。

ロジックで動く人と感情で動く人がいるため、フォローDMは2種類を用意。連続的なコミュニケーションで、継続の重要性を訴求した。具体的には、研究者が連続的に説得するDMと、実際の「お客様担当者」から届く伴走レターDMの2種類を用意し、変化を体感できるチェックシートや啓発冊子などを送付。健康のお役立ち情報を配信するメルマガや、継続性の大切さを説明するコールセンターの対応などともあわせて、継続利用に達成感や喜びを与えられる仕掛けを作った。

クリエイティブ

アプローチの異なる2種類のDMでフォロー

　腸内フローラを「整える」、「身につける」、「維持する」といった大腸環境の3ステージに合わせてツールを送付。DMは「顧客の伴走者」という位置づけで、男性向けには、研究者から腸活の重要性をロジカルに解説する「説得DM」。また、女性向けには、効果を実感するためのアドバイスや、習慣化を促す担当者からの「応援レターDM」。さらに、継続回数に応じた割引やプレゼントを用意し、継続利用を後押しした。

実施効果

エンゲージメントを強化し継続率を高めることに成功

　お客様に合わせた2種類のコミュニケーションDMと、実際のお客様（先輩達）からのお声、飲み忘れ防止と、目で効果を実感できる

SILVER

左から、ダイレクトマーケティングゼロの赤川結花氏、日清ファルマの雫内里美氏、片柳悠紀氏、後藤紀彦氏

目的	LTVの向上
DMの役割	初期定期継続率の向上
発送数	2万通
効果	継続率がUP
他媒体との連動	コールセンター、メルマガ、自社のお役立ち情報サイト
ターゲット	「ビフィコロン」の定期会員

基礎情報

☑ **企業概要**
（主な商品、サービス、ビジネス内容）
健康食品、医薬品原薬、医薬品などの製造・販売

☑ **主なターゲット顧客層**
定期会員

☑ **ダイレクトマーケティングツールの活用状況**
コミュニケーションツールとしてDM、メルマガ等を発行

なぜDMを使用したのか
継続利用という課題に対してDMが連続した手紙となり、丁寧なコミュニケーションを通して顧客に気づきを与えてくれる可能性が高い。

POINT 2
男性向けには研究者からの「説得DM」、女性向けにはお客様担当者からの「応援レターDM」の2種類を用意。男女どちらも説得できる内容で継続を後押しした。

POINT 3
「達成記念プレゼント」も用意し、継続を後押しした。

チェックシート、プログラム達成記念のプレゼントを用意するなど、3ステージに合わせた顧客の活用、期待、満足を叶える構成物で、エンゲージメントが強化され、継続率を高めた。

審査会の評価点

戦略性	★★★★★
クリエイティブ	★★★★★
実施効果	★★★★★

審査委員講評

3つのステージプログラムとしてコラム・ニュースレター・チェックシート等、LTV最大化のためにやれる事を全てやっています。応援レターも素晴らしかったです。派手ではないけれど、こういう単品通販の基本に超忠実なCRMが一番売れるのです！ 加藤公一レオ

・DM診断・

ここが秀逸！

通販商品のひとつの傾向である、中長期的な継続購入を目指したDM。複数回発送するタイミングもゆるやかに設定。商品メリットを教育・啓発し、納得して使い続けてもらうためのプログラム。事例や専門家の解説などをDMでしっかり読んでもらうために、クリエイティブのトーン＆マナーも統一され、丁寧に作りこまれている。

音声で贈る パーソナルメッセージ
声で伝える感謝状DM

» 広告主　日本盛
» 制作者　ゼネラルアサヒ

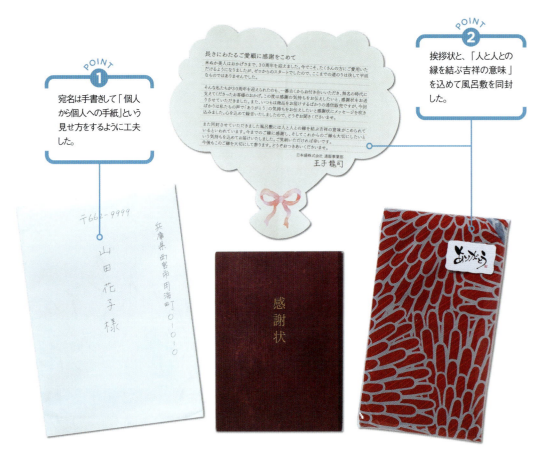

POINT 1　宛名は手書きして「個人から個人への手紙」という見せ方をするように工夫した。

POINT 2　挨拶状と、「人と人との縁を結ぶ吉祥の意味」を込めて風呂敷を同封した。

戦略性

会社とスタッフのファンづくりを進め、継続顧客を囲い込み

　通販の化粧品業界では新規参入が相次ぎ、日本盛のメイン顧客であるシニア層をターゲットにした競合商品は多い。そのため、同社では長期継続顧客の囲い込みが課題となっている。同社の売り上げを支えるのはこの層であり、購入年数の長い顧客ほど年間購入金額も増える傾向にある。今後、商品のファンということだけでは、他社の製品に移行される可能性もあるため、「商品のファンにとどまらず、会社のファン、さらにはスタッフのファンになっていただくには?」をテーマにDMを制作した。

　同社では、これまでもスタッフがDM誌面に出て商品説明を行うなど、親しみやすさを意識したDM制作を行っている。しかし、「米ぬか美人」ブランドが30周年を迎えるにあたり、ファンづくりをさらに加速させる狙いもあり、実際にスタッフの声で「ありがとう」と感謝のメッセージが流れるインパクトのあるDMを採用した。

クリエイティブ

あくまで「個人からの手紙」を演出

　「個人から個人へ」というメッセージ性の強い見せ方にこだわったDMは、売り感を出さないために切手を貼り、宛名をひとつずつ手書きにすることで、「個人からの手紙」に見えるよう演出した。また、顧客により親近感を感じてもらえるよう、感謝状のボタンを押すと、スタッフからの「顧客個人に宛てたパーソナルメッセージ」が流れるようにし、顧客の個人名と購入商品を音声メッセージに組み込んだ。さらに、挨拶状は花束をかたどり、感謝状を添え、「人と人との縁を結ぶ吉祥の意味」を込めて風呂敷を同封した。

実施効果

スタッフ個人宛に多数の反響。ファンづくりに手応え

　88%という高いレスポンス率で、「元気で

SILVER

目的	ロイヤル顧客化
DMの役割	スタッフ・会社に対するファンをつくる
発送数	100通
効果	88%の高いレスポンス率
ターゲット	化粧品の年間購入金額が上位で、かつ10年以上購入している長期継続顧客

左から、ゼネラルアサヒの坂本亜理紗氏、安藤美喜子氏、小田貴文氏、日本盛の村上百代氏、河村明子氏、廣岡桂寿氏

基礎情報

☑ **企業概要**
（主な商品、サービス、ビジネス内容）
清酒その他酒類の製造と販売、化粧品の販売

☑ **主なターゲット顧客層**
シニア層

☑ **ダイレクトマーケティングツールの活用状況**
通信販売のお客様向けに、商品のご案内とコミュニケーションを兼ねた会報誌DMを毎月お届けしている

なぜDMを使用したのか
個人とのつながりを形成・強化することでロイヤル顧客化を目指した。

感謝状
山田花子様

いつも日本盛をご愛顧いただき、ありがとうございます。
あなた様には日本盛の通信販売を長きにわたりご愛顧いただいております。米ぬか美人があるのは、あなたの愛にあふれたご愛顧あってのことと、日本盛社員一同、深く感謝しております。つきましては、感謝の気持ちとして、感謝状をお送りさせていただきます。これからも、何卒よろしくお願い申し上げます。

平成二十九年九月吉日
日本盛株式会社 通販事業部
王子龍司

POINT 3
ボタンを押すと、スタッフからの「顧客個人に宛てたパーソナルメッセージ」が流れる。

暮らしているうちは、化粧品を使わせていただきます」、「いつもそばに置いて、スイッチを押すのを楽しみに聴いています」など、スタッフ個人宛にお礼の手紙や電話が相次いだ。また、WEBから注文する顧客に対しても、DMを送ることでレスポンス率が向上することを実感。現在のシニア層において、DMは欠かせないコミュニケーションツールと感じている。

審査会の評価点

戦略性	★★★★☆
クリエイティブ	★★★★★
実施効果	★★★★☆

審査委員講評

DMの原点は、ラブレター。それをテクノロジーを使って効率化するのではなく、逆にテクノロジーを使って「非」効率化してしまっている。そこに心がこもり、受け手の心を動かす。逆転の発想はいつも新しい体験を生み出す。　　　　　　　　木村健太郎

・DM診断・

ここが秀逸!

通販商品のVIPユーザーを対象にした感謝の気持ちを伝えるためのDM。送り先のパーソナライズはこれまでもあったが、印刷を変える、手書きのメッセージを添える、という紙のレベルから「肉声」という形を採用したところに、入手時の驚きと特別感があったのではないだろうか。一歩進んだパーソナライズDMのひとつの形を提示した点を評価する声が多かった。

BRONZE

来場意欲を促進する顧客参加型の特殊形状DM
Audi Q2 Debut「#型破る」DM

左から、電通デジタルの齋藤圭祐氏、アウディ ジャパンの天野一登氏、電通デジタルの二井内洋一氏

» 広告主　アウディ ジャパン
» 制作者　電通デジタル

staff　Adv 天野一登、坂部晶子　Dir／C 二井内洋一　AD 岩丸修　D 野田澤聡、柿沼道孝、吉良向平　Pl 齋藤圭祐、田中拓斗　Pr 小野健一、相内一高

POINT　多角形の特殊折り仕様で見た目にインパクトを持たせた。

目的	フェア来場促進
他媒体との連動	テレビCM、WEB、SNS、店頭・店外イベント、折込チラシなど
ターゲット	Audi車オーナー、新規見込み客

POINT　カプセルトイマシンのコインを同封することで、来場促進も狙った。

車のデザインモチーフである、ポリゴン（多角形）をDMに取り入れ、世界観を統一。

店頭に設置されたカプセルトイマシン。

戦略性・クリエイティブ・実施効果

特殊折りのリーフレットを考案し、コンセプトをアピール

　アウディ ジャパンは、2017年4月に発表したプレミアムコンパクトSUV「Audi Q2」のデビューフェアへの来場促進を目指し、DMを制作した。同社のこれまでのクルマとは一線を画したデザインの「Audi Q2」は、「#型破る」がコンセプト。そのためDM制作においては、来場を促すという本来の目的に加え、新型車のコンセプトを伝えることも重要なポイントとした。

　「Audi Q2」のデザイン上の特徴である「ポリゴン（多角形）」をDMでも表現するため、六角形の封筒に、展開するとポリゴンが連続して登場するような特殊折りのリーフレットを封入する仕様を採用した。また、フェア時に店舗に設置されるカプセルトイマシン用のコインを同封することで来場を促進。景品となるQ2オリジナルグッズがソーシャルメディアで拡散し、さらなる集客につなげた。DMの形状だけではなく、コピーやコインのデザインなど、全てにおいて「#型破る」のコンセプトにふさわしいものになるよう注力。テレビCMやWEBサイトなどでもコンセプトを統一したコミュニケーションを展開した。

　既存のAudi車オーナーや、見込み顧客向けにDMを発送。目標を大きく上回るフェア来場数を記録した。来場者からは、リーフレットの形状や、景品への驚きの声が寄せられ、新車の世界観を体感できるDMとなった。

審査委員講評

プレミアムブランドをつくる黄金律である「一貫性」。これまでのAudiとは異なる型破りなQ2のコンセプトとデザインモチーフを、DMを通じた顧客体験に散りばめて連携。連動する施策全体のシナリオと表現の完成度の高さが印象的です。　　　山口義宏

・DM診断・

ここが秀逸！

多角形の特殊折り仕様で見た目にインパクトを持たせた。カプセルトイマシン用コインを同封することで、来場促進も狙った。

銅賞 BRONZE

データを検証し、効率的なCRM施策に導く
データ分析&改善の継続でROI向上！ 大豊漁祭DM

» 広告主　網走水産
» 制作者　パラシュート

左から、パラシュートの伊勢美芽氏、網走水産の広瀬雄一氏、髙須幹諭氏、パラシュートの石川里奈氏

staff　Adv 広瀬雄一　Dir 伊勢美芽　Pl 須藤陽介、稲子将史、長澤絵美子　D 石川里奈

POINT
宛名台紙をそのまま注文書にできるようにした。

POINT
百貨店がギフト受付を12月中旬で締め切るのに対し、下旬まで受け付けることで差別化。封筒でも訴求し駆け込み需要を獲得。

目的	継続顧客化
DMの役割	歳暮受注の獲得
発送数	50万6717通
効果	注文者数4万3174人
ターゲット	RFM上位顧客／R4以上の離反客

戦略性・クリエイティブ・実施効果

ターゲットを絞りROIを改善 お歳暮需要喚起DM

　海産物の通信販売を行う網走水産は、2015年秋からの1年間、店舗別に管理していた顧客データを統合、リストを整備しながら、年5回の定期DMで、休眠顧客の掘り起こし施策などのテストを繰り返し実施してきた。その中で効果が良かったものを集約し、2016年冬の歳暮需要喚起のDM施策に取り組んだ。

　RFM分析をもとに、購入歴が3年以内にある顧客、2回以上ある顧客、5万円以上の顧客、ギフト需要の多いVIP顧客、4年以上購入歴がない離反顧客とセグメント化し、時期を2回に分けてDMを発送。ターゲットを絞ることで、発送数を減らしても売り上げは落とさない、効果的なCRM施策を目指した。アイテム数は多いものの、大判チラシに売れ筋ランキングを入れるなど見せ方を工夫。購入金額が高い顧客は、期間中複数回買い物をする率が高いことから、3万円以上購入で次回10%オフの特典を付けた。VIP向けには、届け先を印字した申込み用紙入りのDMを発送している。

　第1弾では、RFM上位顧客とVIPに発送しROIは676%となった。離反客は年末になると自家需要で再開率が高いことから、11月末の第2弾では離反客にアプローチ。第1弾で発送した人にもリマインドDMを送ったところ、ROIは806%となった。VIPセグメントでは、ROIが1万5729%となり、無駄なく利益を高めることに成功した。

審査委員講評

見るだけで食欲が喚起させられるシズル感。商品えらびで迷ったときに参考にしやすいランキング表現。基礎を徹底した表現は見事ですが、施策の裏にあるPDCAサイクルに基づく地道な改善こそ素晴らしいと感じました。
　　　　　　　　　　　　　山口義宏

・DM診断・

ここが秀逸！

高いROI。上位顧客へのオファーなど、セグメントに応じたきめ細かい工夫でパフォーマンスにつなげた。

BRONZE

葉っぱクーポンを集めて木に育てる
お客様の力で木が成長！絆が深まった新店オープンDM

» 広告主　いなげや
» 制作者　フュージョン

左から、いなげやの重田明範氏、フュージョンの森敦氏

staff　Adv 齊藤栄一、重田明範　Pl 東海達徳、森敦、小船井香織

POINT　冊子の中に葉っぱ型のクーポンを貼り付けた。

POINT　あたたかみのある絵本風のデザイン。

目的	改装後の顧客離反を防ぐ
DMの役割	来店誘導
発送数	2596通
効果	58.1％が来店・購入
他媒体との連動	店頭プロモーション、Instagram
ターゲット	直近3カ月で改装前店舗での購買がある会員

POINT　クーポンは利用後、店頭の木のデザインのパネルに貼り出した。

戦略性・クリエイティブ・実施効果
利用されたクーポンを店頭のパネルに貼り出しキャンペーンの盛り上がりをアピール

　いなげやは、運営するスーパーマーケットを、新業態である「ESBI+練馬東大泉店」として改装オープン。これに合わせて、従来店からの継続顧客獲得と来店促進を目的にDMを制作。業態変更に伴い、従来店の顧客が離反してしまうことを懸念し、新店舗の良さを丁寧に伝えることで顧客との関係性を強め、新しい店舗を一緒に育ててほしいという思いを伝えることを目指した。

　DMには葉っぱ型のクーポンを同封。来店時に持参してもらい、利用済みのクーポンは店頭に設置した木のデザインのパネルに貼り出した。葉っぱが増え、木が"成長"していく様子を可視化することで、それを見ることを2回目以降の来店動機にしてもらうことを狙った。また、DMを受け取っていない人でもInstagramに投稿すればキャンペーンに参加でき、店頭でキャンペーンの盛り上がりをアピールすることで、情報の拡散と新規顧客の獲得にもつなげた。

　スーパーマーケットにドラッグストアが融合した新業態のメリットを、直感的に理解できるようイラストや図を多用した冊子で解説。あたたかみを感じる絵本風のデザインとし、広告的な表現は極力抑え、非定形サイズにすることで開封率の低下を防いだ。

　改装前の店舗で直近の3カ月以内に買い物をした会員を対象に2596通を発送。DM送付者の58.1％が来店・購入した。キャンペーン実施中の売上は改装前比111.6％となった。

審査委員講評

「葉っぱクーポン」が全体のイメージシンボルであると同時に、はがして貼り付けて100円引きをゲットする、という行動の仕掛けにもなっています。開封前に外観からも、この仕組みをアピールできればもっとよかったと思います。

椎名昌彦

・DM診断・
ここが秀逸！

利用された葉っぱ型のクーポンを店頭の木のデザインのパネルに貼り出すことで来店者数を視覚化し、そこからのSNS拡散も設計した。

BRONZE

銅賞 DM AWARD 2018

DMで血圧ケアへの意欲を喚起、定期購入2回目継続へ
顧客の心境が自然に変化！重点的モチベUPDM

» 広告主　エーザイ
» 制作者　ダイレクトマーケティングゼロ

staff　Adv 佐藤友昭　Pr/Pl 樋口慎司　Dir 萩原良子　C 床井奈美、武政美麻

左から、エーザイの佐藤友昭氏、ダイレクトマーケティングゼロの樋口慎司氏

POINT
ターゲットの中高年男性が読みたくなるコンテンツにこだわった。食生活や運動など生活習慣改善の提案も血圧ケアと併せて掲載。

目的	継続顧客化
DMの役割	商品理解、継続利用する有効性の認知
発送数	1万5000通
効果	2回目継続率向上
他媒体との連動	Eメール
ターゲット	「ヘルケア」定期会員

戦略性・クリエイティブ・実施効果

継続理由と効果への理解を醸成するリマインドDM

　エーザイが通信販売する特定保健用食品「ヘルケア」は、定期購入を条件に初回半額で販売しているが、商品への期待が高く、早期に血圧が改善しないという理由での解約が課題。
　摂取から効果が出るまでに約4週間かかるという商品理解不足が継続率の低下につながっていた。
　そこで、初回から定期2回目が届くまでの2カ月間に集中的なコミュニケーションを行い、申込み時のモチベーションを維持し、継続率の向上を目指す施策でDMを活用した。

　初回の商品に冊子を封入し、高血圧へのケアが重要であることを伝え、その後、10日おきに2回DMを発送した。最初のDMでは高血圧への危機意識を醸成、2回目は利用者の体験談で共感とゴールのイメージを提示し、期待感と継続意欲を刺激した。並行して2カ月間で4通のフォローメールも配信し、血圧ケアの重要性と継続の意義への認知を高めた。
　購入者は中高年男性がメイン。同梱冊子やDMは落ち着いたデザインの男性情報誌をイメージ。食生活や運動など、生活習慣全体を改善するための情報も掲載することで、生活の中に商品服用を習慣づけられるようにコンテンツを設計した。施策の結果、定期への意識不足での解約は減少、定期2回目の継続率の向上に成功した。

審査委員講評

DMが、続けたくなる、モチベーションをキープするためのプログラムになっていて素晴らしいです。鼓舞・応援、エデュケーションは、DMの本質価値の一つ。このDMは、顧客への態度、向き合いそのものですね。　　佐藤夏生

・DM診断・

ここが秀逸！
丁寧な情報提供で商品理解を高めた。初回の商品到着後に連続したコミュニケーションを行い、継続意欲を刺激するものになっている。

53

BRONZE

身長計の付録で、子育て世代との関係性を強化
ドコモ 子育て応援プログラム スタートキット

左から、博報堂プロダクツの杉井豊氏、NTTドコモの松居正晃氏、塩池菜子氏、博報堂プロダクツの露崎 真司氏

» 広告主　NTTドコモ
» 制作者　博報堂プロダクツ

staff　Adv 松居正晃、塩池菜子　チーフPr／Pl 杉井豊　Pr／Dir 露崎 真司、岩崎 正人　プリンティングDir 鎌田 一樹

目的	顧客ロイヤルティ向上
DMの役割	顧客コミュニケーション、サービス内容のリマインド
発送数	約83万通
効果	開封率86％、付録利用率70％、55％が送付内容に満足
ターゲット	「ドコモ 子育て応援プログラム」加入者

POINT

思い出づくりの象徴である身長計を付録にした。箱型と封筒型でABテストを実施し、封筒を基本仕様に。

審査委員講評

加入者に子育て応援プログラムをリマインドするための非常にベーシックなDMながら、身長計をつけるなど細かいところに工夫がこらされており、高い開封率と付録利用率を実現しています。封筒型と箱型をABテストした結果、一般的に開封率の高い「箱」ではなく、「封筒」を基本仕様にしたというラーニングには、単なるPDCAを超えた示唆を感じます。
　　　　　　　　　　　　　木村健太郎

戦略性・クリエイティブ・実施効果

封筒型と箱型でABテストを実施

　子どもがいるドコモユーザー向けのサービス「ドコモ 子育て応援プログラム」では、子育て世代との関係を強化・維持するため、子どもの誕生月にdポイントプレゼントや、フォトブック毎月送付サービスが最大13カ月無料、といった特典を提供している。サービス内容の理解と利用促進を目指しDMを活用した。
　企業目線のサービス訴求型DMでは開封してもらえないと考え、DMそのものの質を高めることで、喜んで受け取ってもらい、サービスを利用するきっかけをつくることを狙った。
　子どもとの思い出づくりを意識し、DMの付録として子どもの成長を測れる身長計を制作。その裏面にサービス紹介を入れることで、捨てられない工夫をした。
　「ドコモ 子育て応援プログラム」加入者約83万人を対象に発送し、開封率は86％を達成。55％が送付内容に満足し、付録の身長計は79.6％が保存意向を示した。またフォトブックに関するサービスの新規契約は約6000件にのぼった。
　2017年3月、4月の配送分では「箱型」と「封筒」の2種類でABテストを実施し、開封率を検証。共に80％以上の開封率になったものの、一般的に開封率が高いとされる「箱型」よりも「封筒」の方が86％と高かったため、今後の基本仕様を決める判断につながった。

• DM診断 •

ここが秀逸!

箱型と封筒の2種類を発送し、開封率の検証も行ったほか、中長期的な顧客との関係構築を狙い、クリエイティブにも工夫した。

♛ BRONZE

解約理由を分析し休眠顧客の呼び戻しに成功
Oisix(オイシックス)2017春のDM

左から、オイシックスドット大地の井上政人氏、荒金知乃氏

» 広告主　オイシックスドット大地
» 制作者　オイシックスドット大地

staff　Pl 井上政人　AD／D 荒金知乃

POINT
Q&A形式で、わかりやすくサービス内容や利用方法を紹介。WEBアクセスにつなげた。

目的	休眠顧客の活性化
DMの役割	サービス内容明確化、認知、WEB・モバイル誘導
発送数	1万通
効果	通常の203%入会率
他媒体との連動	WEBサイト
ターゲット	購入経験のある顧客

戦略性・クリエイティブ・実施効果

休眠理由をヒアリングから分析 DMのクリエイティブを改善へ

　食材の定期宅配サービスのOisixでは、入会後の休眠・解約者に対し、定期的にDMを発送してきたが、その内容は販促視点による特典や割引オファーが中心で、変化に乏しいものとなっていた。
　そこで今回のDM制作においては、顧客へのヒアリングや、過去実績のレビュー分析から仮説を立て、クリエイティブの改善を行った。
　定期宅配のサービス内容や利用方法のわかりにくさから、解約につながるケースが多いため、サービス内容やシステムが明快に伝わり、「自分に合ったサービス」だと認識してもらえるデザインに注力した。ターゲットを過去にOisixを利用したことのある30代女性に設定。DMの開封率とそこからWEBサイトへのアクセス率、入会率の向上を目指し、それぞれを達成するための戦略づくりに最も時間を使った。
　入会率は通常の203%と目標を上回る結果に。「もう一度入会してみようと思う」「牛乳飲み放題サービス使ってみます」などの声が寄せられた。
　オンライン中心のサービスを行うOisixでは、DMをオフラインでの顧客接点として重視しており、レスポンスもオンラインよりも効果的なものが出てきているという。今後もDM利用を継続していきたい考えだ。

審査委員講評

通販共通の課題である「初回利用→解約」者にインタビューして原因を調査し、「わかりにくさ」「自分にあっているか疑問」といった課題を把握。クリエイティブで丁寧に答えて通常の203%の成果を上げ、ネット系のDMとしてもよい事例です。　　椎名昌彦

・DM診断・

ここが秀逸!

オファーやWEBサイトへの動線などにわかりやすさがあり、課題であった阻害要因に対しての解決というDMの役割を明確にした。

左から、福島印刷の松井睦氏、両備システムズの角敏幸氏、古林栄二氏

BRONZE

特定健診受診を勧める埋もれないDM

医療費削減予測 6百万円／年
特定健診受診勧奨DM

» 広告主　岡山県玉野市
» 制作者　両備システムズ、福島印刷

POINT
ビジュアルをうまく取り入れ、未受診者への行動を喚起している。

目的	特定健診の受診率向上
DMの役割	未受診者への行動喚起
発送数	3082通
効果	受診者獲得60件
ターゲット	特定健診未受診者、あるいは受診頻度の低い生活習慣病の悪化が予想される層

戦略性・クリエイティブ・実施効果

受診履歴をもとにセグメント化

　岡山県玉野市は、市民の特定健診の受診率を上げるためにDMを活用。セグメント化した2つの層へ向けて3082通を発送し、60件の受診者を獲得した。

　県内の自治体との比較で特定健診受診率が低かった玉野市。未受診による生活習慣病の悪化は医療費の増加の原因ともなるため、受診率向上と健康寿命の延伸への対策を必要としていた。

　未受診者のうち、平成25〜27年度の3年連続で受診していない層は、最も数が多く、受診率を上げるにはこの層への対策が最も効果的と考え、ターゲットに設定。

　また平成27年度の未受診者のうち、24〜26年度の間に一度でも受診歴がある人は、勧奨により受診が期待できることから、送付対象者とした。なお、いずれのセグメントにおいても、生活習慣病で通院している60〜74歳は、重症化リスクが低いとみて除外している。

　自治体の通知は、文字ばかりになりがちだが、「郵送物の中に埋もれない通知物」というコンセプトのもと、ビジュアルを活かした、A4変形の大判サイズのDMを制作。セグメントに応じて、版面を複数パターン作成している。

　剥離式のDM（UDパック）を採用し、視認性や可読性に配慮したレイアウトに注力。宛名面には「玉野市からの重要なお知らせ」「今なら、1,000円で受診できます」などと入れ、未受診者への行動を喚起する工夫を施した。

審査委員講評

公的機関による、データ分析と仮説に基づいたDM活用が新鮮です。クリエイティブが無機質、画一的になりがちですが、ターゲット心理に合わせてストーリーがきめ細かく展開されており、受診率向上に寄与しています。
明石智子

・DM診断・

ここが秀逸！

ターゲットセグメントに合わせて内容を変えるなど、効果的なアプローチとした。自治体の持つデータの強みも出ている。

BRONZE

富士山が飛び出すDMで、新規顧客の興味を喚起

グループ内ゴルフ場への
カード会員の新規送客DM

» 広告主　小田急電鉄
» 制作者　小田急エージェンシー

左から、小田急電鉄の田中藍奈氏、小田急エージェンシーの長尾吉謙氏

staff　田中藍奈・高橋雅信（小田急電鉄）、長尾吉謙・山田真由美（小田急エージェンシー）

POINT　宛名面で目を引き、DMを開くと、ゴルフ場の景観の売りである富士山が立ち上がる仕掛け。

目的	新規顧客の獲得
DMの役割	ゴルフクラブの魅力を伝え、来場促進
発送数	5000通
効果	申込み114件
他媒体との連動	カード会員向け会報誌
ターゲット	ゴルフに嗜好性のあるカード会員

戦略性・クリエイティブ・実施効果

ゴルフ場DMをもらい慣れているターゲットに驚きを

　小田急グループ内のゴルフ場「富士小山ゴルフクラブ」は、会員の高齢化や法人需要の伸び悩みなどもあり、ビジネスモデルの転換期を迎えている。そこで小田急電鉄は、新規顧客の獲得を狙い、小田急カード会員向けにゴルフクラブを案内するDMを発送した。
　ゴルフをプレーしている人、また同クラブのような高付加価値型ゴルフ場でのプレー経験がある人にDMを届けることを重視し、クレジットカードの利用履歴を分析。既存会員が併用する傾向が強いゴルフ場の利用実績がある人や、小田急百貨店 新宿店のゴルフ用品売り場をよく利用している人などを優先的に対象としてDMを発送した。
　DMを受け取る人は、ゴルフ場からの勧誘DMをもらい慣れていると推測されることから、他のゴルフ場とは異なる質感のDMを目指した。どのゴルフ場も、同じような風景が並び、写真だけでは差別化しにくいことから、DMを開くとゴルフ場の特徴である富士山が立体展開するDMを制作。裾野に広がる扉を開けるとコースの売りや優待内容が出てくる仕掛けとし、ゴルフ場の魅力を、身近に、かつリアリティを持って伝えることに注力した。
　会員制のゴルフ場だけに、新規顧客の来場はハードルが高いと予想していたものの、DM発送後、新規来場者を獲得しただけでなく、電話での問い合わせが相次ぎ、キャンペーン期間外の来場や、問い合わせ客に対する継続的な案内も行われている。

審査委員講評

　ゴルフ好きのお父さんはさぞ喜んだことでしょう。富士山の見えるコース、ホールごとの窓付きギミックのメッセージに至っては、プレイ意欲が沸点に達していたのではないでしょうか。DMを片手にスマホでメンバーを募っている姿が目に浮かびます。　城下博行

・ DM診断 ・

ここが秀逸！

情報量が適切で、手に取って、読みやすく仕上げている。ゴルフ場の会員権という高額商品の検討にも効果があった。

57

ロイヤリティ向上を狙った、特別な贈り物DM

TV通販連動型DM！なんとレスポンス率60.2％！

左から、関西テレビハッズの榎本紀之氏、保美帆氏、フュージョンの加藤敦司氏

» 広告主　関西テレビハッズ
» 制作者　フュージョン

staff　Adv 榎本紀之、保美帆　Pl 加藤敦司、佐藤雅美　AE 植松勇生

目的	ロイヤルティの向上
DMの役割	年末商戦での利用促進と客単価アップ
発送数	3840通
効果	DM送付者の注文率60.2％
他媒体との連動	テレビ番組

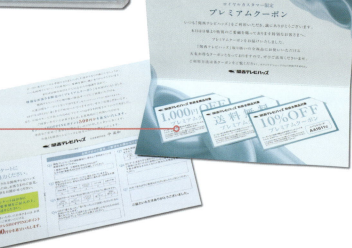

POINT
リボンをあしらい「特別な贈り物」を演出。3種のプレミアムクーポンをオファーに。

戦略性・クリエイティブ・実施効果

上位顧客向けの特別オファーで過去最高のレスポンス獲得

　関西テレビハッズは、テレビショッピング番組の顧客データ、販売データの分析を行い、同番組における最重要課題を、上位顧客の維持と設定している。年に1度、上位顧客を対象に、ロイヤルティアップを目的としたDM施策を実施。番組以外で顧客との接触機会を持ち、さらなる購買意欲を喚起するため、DMを活用している。
　実施3年目となる今回は、年末商戦での利用促進と客単価アップを狙い、2016年11月にDMを発送。5400円以上で利用可能な1000円オフクーポン、3240円以上で利用可能な10％オフクーポン、送料無料クーポンの3種を同封した。高級感のあるDMで新鮮味を演出して、手に取ったとき、ひと目で「プレゼント」であることがわかるようリボンをあしらい、開くと特別なクーポンが出てくるつくりで「ワクワク感」を創出した。商品紹介はあえて入れず「特別感」を印象づけている。
　投函時期は、年末商戦前とし、購入を促進。その結果、DMのレスポンス率（前年比157.9％）と客単価（前年比181.8％）は前年を上回る結果を残した。サービス改善のために同封したアンケートはがきの返信率は25.7％となり、そのうち77.7％が商品・サービスに満足と回答している。

審査委員講評

TV通販とDMによる連動企画が新しい試みです。上位顧客に向けて、丁寧かつプレミアム感あふれる、受け取ってうれしいDMのお手本とも言えます。心地よい体験を、実際の購入に結び付けることに成功しています。
明石智子

・DM診断・

ここが秀逸！
上品な質感に仕上げてVIP向けに特別感を演出し、レスポンス率を上げることに成功した。

行動喚起を促すDMで、夏期講習申込を案内

クロスメディアリレーションを重視した夏期講習DM

» 広告主　東京個別指導学院
» 制作者　ローグ クリエイティブ

前列左から、東京個別指導学院の札綾香氏、平林由希氏
後列左から、東京個別指導学院の磯松亮太氏、ローグ クリエイティブの四ツ谷恭彦氏、梅本圭氏、東京個別指導学院の早川剛司氏、笹嶋理恵子氏

staff　Adv 東京個別指導学院　AD／D ローグ クリエイティブ

POINT
他メディアとの連携を図りながら、DMでは学年別の視点も加え表現。無料学習相談の「招待券」で行動を促した。

目的	新規顧客の獲得
DMの役割	「無料学習相談」の利用促進から入会への行動喚起
発送数	67万2799通
効果	問い合わせ件数2510
他媒体との連動	折込、交通広告（電車・バス）、WEB広告など
ターゲット	受験を控える中3、高3とその保護者

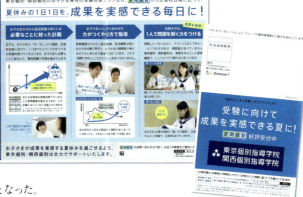

戦略性・クリエイティブ・実施効果

折込、交通広告、DMで問い合わせを最大化

東京個別指導学院は、社内のマーケティング部門が統合したのを機に、コミュニケーション戦略における各メディアの役割を明確化。塾業界における主要メディアである折込チラシ、交通広告とDMの連携を強化し、問い合わせの最大化を図っている。

2017年夏期講習の受講者募集においては、「目標達成へ、『できた！』が積み上がる夏に。」を全体テーマに据えた。マス向けの折込や交通広告が、認知や興味関心を高める役割を担ったのに対し、DMは、行動喚起を重視し「無料学習相談」の利用を促進。LINEやコンテンツマーケティング施策での情報配信も行い、問い合わせ、新規入会、生徒数が創業32年で過去最高となった。

重点ターゲットは、受験を控える中学3年生、高校3年生とその保護者。夏に部活動を引退し、短期での目標達成＝合格を目指すため、個別指導での濃密な指導を求める層だ。一方、他の学年は、1学期でのつまずきを解消したいニーズがあり、塾の利用目的が異なる。そのため、学年毎に異なるペルソナを設計し、DMで訴求する内容を決めていった。

重点学年では単信ではなく、直前のリマインドも狙い2信化。ダイレクトアプローチが可能なDMの強みを生かし、無料学習相談の利用が夏学習の重要なステップであることを説明し、「招待券」を同封することで行動を促した。

DMは他のメディアと比較しても入会率の高い問い合わせにつながった。

審査委員講評

一見、オーソドックスに見え、派手な演出はありませんがDMの戦略的な目標が明確であり、クリエイティブ面も十分に対応しています。数字としての結果も出ており、ひとつの完成されたDMと言えます。　柿尾正之

・DM診断・

ここが秀逸！

クロスメディア展開がよく考えられている。ターゲットインサイトに合わせたクリエイティブも完成度が高い。

♛ BRONZE

不在連絡票に見せかけた イタズラ心満載のDM
ご不在連絡票型年賀状

左から、人間の花岡氏、山根シボル氏

» 広告主　人間
» 制作者　人間

staff　Pl 田辺ひゃくいち、山根シボル　Dir トミモトリエ　D 松尾聡　C 田辺ひゃくいち　Voice 社領エミ

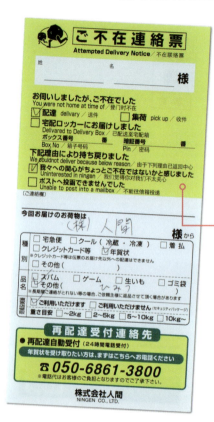

目的	継続顧客化
DMの役割	休眠顧客の活性化
発送数	542通
効果	WEB・モバイル会員登録数100件
ターゲット	面白さを求める広告主、広告会社

POINT

「我々への関心がちょっとご不在ではないかと感じました」というコピーで、チャーミングに自社の存在をアピール。

戦略性・クリエイティブ・実施効果

本物と見間違う人が続出 SNSやメディアで話題に

　大阪市に本社を構える制作会社・人間は、2017年の年賀状を活用し、「自社の存在を思い出してもらうこと」「2016年の実績を見てもらい、新年度の仕事につなげること」を目指した。

　休眠顧客や、名刺交換や挨拶止まりになっている潜在顧客に対して、企画力をアピールするため、運送会社の不在連絡票をモチーフにしたDMを制作。本物らしく見せるため、サイズや紙の厚みにもこだわって制作した。「持ち戻り理由欄」には、「我々への関心がちょっとご不在ではないかと感じました」というコピーを入れ、再配達受付の電話番号を掲載。人情味あふれるメッセージで、印象づけた。

　実際に電話をかけると、自動音声ガイドでLINE@に登録するように誘導される。そこで同社に関するいくつかの問題が出され、すべて正解すると、1年の実績や売上報告などが掲載された事業報告書＝本当の年賀状を入手できる仕組み。報告書はセブン-イレブンの「ネットプリント」で印刷できるようにした。

　DM発送後は「本物の不在連絡票だと思った、だまされた」「面白い」とSNSで話題になり、KBC九州朝日放送の情報番組でも「面白い年賀状」として取り上げられた。取引先からは「同様のLINE@を駆使したキャンペーンを実施したい」といった問い合わせも入っている。DM施策を通じて、自社への関心をより高めることに成功した。

審査委員講評

不在連絡票を年賀状のデザインにしてしまうと言う、ある意味不謹慎な攻めのアプローチが面白いです。受け取った人がしばらくしてから「やられた」と叫んでいる様子が目に浮かびます。
徳力基彦

・ DM診断 ・

ここが秀逸!

運送会社の不在連絡票をモチーフにすることで、届いた瞬間の驚きを演出。コピーも含めて、自社のPRに成功した。

確定申告を乗り切るための情報を提供
個人事業主様向け確定申告ガイド

左から、freeeの平井希未子氏、前村菜緒氏

» 広告主　freee
» 制作者　freee

staff　PI 前村菜緒　D 平井希未子

POINT
手元にとっておきたくなる、実用性の高い情報を提供し、会計ソフトの有償契約につなげた。

目的	有償契約の獲得
DMの役割	会計ソフトの利便性喚起
発送数	5万400通
効果	注文・申込み数1103件
他媒体との連動	年間購入一定金額以上の顧客

戦略性・クリエイティブ・実施効果

役立つ情報提供を意識 開封率向上にも工夫

　クラウド会計ソフトを販売するfreeeの主要顧客は個人事業主。会計ソフトを使う最大の理由は、毎年の確定申告用書類の作成だ。無料の会員登録は、年間を通じてあるものの、実際の経理業務は、期日直前までためてしまう会員が多い。そこで、多くの利用者が会計ソフトを必要とする確定申告の時期に、自社製品を想起してもらうこと、再ログインして実際に利用してもらい、有償契約を検討してもらうことを目指し、DM施策を行った。
　年に1度の確定申告は、初めての人はもちろん、経験者でも毎回スケジュールや手順を確認しながら行う傾向にある。また経理業務をためてしまい憂鬱な気分でいる人も少なくない。そのため、DMでは自社プロダクトの魅力を訴求するだけではなく、申告書類作成時に役立つ情報を提供。受け手に「会計ソフトを利用して確定申告を乗り切ろう」という気持ちになってもらうことを意識して制作した。
　開封率を上げるために、クリアファイルとして再利用できる封筒を採用。確定申告までの必要事項とそのタイミングが掲載されたカレンダーや、節税ポイントチェックリストを掲載したガイドブックを同封した。
　5万400通を発送し、有料契約は1103件。SNSでは「役立つものが届いた」「この時期に嬉しい」といった投稿が、DMの画像付きでアップされ、会員登録をした人にだけ、有用な情報がアナログで届いた、という特別感の演出にもつながった。

審査委員講評

面倒な確定申告を少しでもラクにと、ターゲットが便利に感じる情報を取り揃えた「かゆいところに手が届く」DMです。クラウドサービスだからこそDMを活用。手元に置いてもらい、好印象を残すことに成功しています。
明石智子

・DM診断・

ここが秀逸！

未開封で終わらないためのクリアファイル型封筒や触感、ガイドブックの情報量など、DM全体をうまくまとめている。

《 日本郵便特別賞 》

特定の領域について、突出して優れた作品を顕彰する特別賞です。
「戦略性」「クリエイティブ」「実施効果」の3軸の総合評価とは別に、
企業規模や用途にかかわらず、キラリと光る魅力を持つDMにスポットを当てるものです。

第32回全日本DM大賞贈賞式（2018年3月、JPタワー ホール&カンファレンス）

インビテーション部門
「告知」「送客」を目的とする招待状において、
大切に保存したくなる工夫を施し、ブランドへの期待感を抱かせたもの。

エンゲージメント部門
DMならではの特性を活かし、送り手と受け手を強く結びつけることに寄与したもの、
中長期視点での顧客との関係構築で、DMが重要な役割を果たしたもの。

クラフト部門
視覚、聴覚、触覚など、人間の五感を刺激するような仕掛けをDMに施し、その技が光ったもの。

コピーライティング部門
受け手のインサイトを鋭く察知したキラーコピーで、共感・感動を呼び起こし、行動喚起へとつなげたもの。

ハイブリッド部門
受け手にとって魅力的なコンテンツを、DMを含む多様なメディアで出し分け、効果を最大化したもの、
その中でDMが重要な役割を果たしたもの。

ルーキー部門
施策目標の達成に向け、斬新なアイデアで挑んだもの、
今後のDMの改善、継続利用で、さらなる成果が待ち望まれるもの。

入選作品（二次審査を通過したもの）を選考対象としています。

SPECIAL PRIZE

ブランド刷新を印象づけた スタイリッシュなトラック型招待状

荷台が開く！ 販売店「オープニング」招待状

左から、アド・コム グループの田邉大輔氏、門田圭氏

» 広告主　三菱ふそうトラック・バス
» 制作者　アド・コム グループ

staff　Dir サヨリ由紀子　AD 門田圭　AE 田邉大輔　C 山口明香

目的	販売店のリニューアル
DMの役割	オープニングセレモニーへの来場促進、ブランド一新の印象づけ
発送数	360通
効果	レスポンス率97.22%
他媒体との連動	新聞、チラシ、ポスター
ターゲット	車両購入決定者、トラックドライバー

POINT
荷台が開く仕掛け。メタリックなトラックのDMでプレミアム感を出した。

アイデア満載の仕掛けで来場促進

　三菱ふそうトラック・バスは、全国の販売店リニューアル・プロジェクトの実施に際し、「ブランディング一新の印象づけ」と「オープニングセレモニーへの来場促進」がコミュニケーション・ツールとして重要課題であると考えた。
　そこで、車両購入決定者やトラックドライバーを対象に、セレモニーの招待状となるDMを送付。販売店からの招待状には見えないデザインを目指し、銀箔押しを贅沢に使って、黒ラシャ紙にメタリックなトラックをかた抜きし、プレミアム感を演出。「荷台が開く」仕掛けとリニューアル「オープン」をかけたアイデアでサプライズを与え、イベントへの期待感を高めた。
　DMでは、イベントについての情報に思い切って絞り込んだことも功を奏し、来店率は97%を達成。荷台が開くトラック招待状のアイデアにも多くの反響があり、ブランド刷新の印象づけにも成功した。

審査委員講評

シンプルでボールドなアイデア。メッセージを絞ることで、大きなインパクトを生み出している。捨てられない、飾っておきたくなるクラフト力も素晴らしい！イベントの招待状というより、ブランドへの誘い、これぞ、インビテーション！　　　　　佐藤夏生

SPECIAL PRIZE

見えにくい製品の機能を「川柳」でわかりやすく
これ一冊でセキュリティ対策はOK！あんしん川柳手帖

» 広告主　トレンドマイクロ
» 制作者　電通ワンダーマン、ディーイーシー・マネージメントオフィス、トッパンフォームズ

staff　Adv 根岸泰宏、田中淳一、加藤亜希子　Pl 成田晴佳、熊木かんな　CD 福永貴之　AD 坂本香子、阿部宏樹、江崎光浩　C 佐藤二郎　Pr 玉利勇人、松本成司

左から、トレンドマイクロの田中淳一氏、電通ワンダーマンの熊木かんな氏

目的	継続顧客化／ロイヤル顧客化
DMの役割	顧客には見えにくい商品機能を可視化
発送数	4万通
効果	レスポンス率7.29%
他媒体との連動	Eメール
ターゲット	自社商品購入者

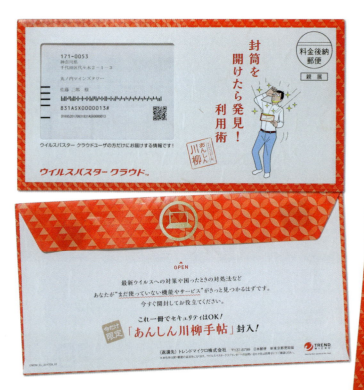

POINT
川柳でサービス内容をわかりやすく説明。多様な機能を使ってもらうきっかけをつくった。

DMが届く頃にEメールを送付し開封率アップ

トレンドマイクロは、ウイルスバスターの購入者に向けエンゲージメントを高めるためのDMを実施した。過去の施策から、1台のウイルスバスターを複数デバイスへインストールしている顧客は、製品の更新率が高いという法則を発見。顧客に製品の多様な機能を知らせて使ってもらうことで、今まで以上にエンゲージメントを高められるのではないかという仮説を立てた。

そこで、DMにインストールまでの手順を載せたガイドを同梱。操作する上で必要なユーザー番号の一部を印字し、利便性を高めた。また、セキュリティ意識の低いターゲットの製品関与を促進するため、顧客には見えにくいサービス内容を「あんしん川柳」という企画でわかりやすく説明した。

さらに、DM開封率を上げるため、DM到着に合わせてEメールでのフォローも実施。その結果、最新版の無料バージョンアップ率は、Eメールのみでの訴求時の140%になった。

審査委員講評

普通に語ると専門的でわかりにくいセキュリティ対策導入のメリットを、川柳というスタイルで普通のサラリーマンのおじさんにも面白く読んでもらえる表現になっています。

椎名昌彦

SPECIAL PRIZE

開けやすさと手触りにこだわり
上位カードの申込みを促進
上級カードのポテンシャルを、ワンランク上のあなたへ

左から、出光クレジットの川嶋絵里氏、トッパンフォームズ営業部の高橋健介氏、デザイン開発部の手嶋雅晴氏

» 広告主　出光クレジット
» 制作者　トッパンフォームズ

staff　Dir／D 手嶋雅晴　AE 高橋健介

目的	継続顧客化
DMの役割	上位カードへ切りかえ促進
発送数	5万通
効果	レスポンス数1.4%
ターゲット	会員顧客

POINT
手触りのいいエンボス加工を施した紙に、開けやすいジッパーをつけた。

QRコードを読み込めばオンライン入会も可能に

　出光クレジットは、伸び悩んでいた上位カードの顧客数を拡大する施策として、「出光カードまいどプラス」の利用者に案内状を送付。コストを抑えながらも確実に開封して読んでもらえるDMを目指した。

　封筒には、手触りにこだわったエンボス加工の紙を使って上質さを演出するとともに、開封しやすいジッパーを取り入れるなどの工夫を施し、形状をそれまでのDMとは一新。上位カード会員が得られる上質なサービスを視覚的も感じてもらえるようなクリエイティブにこだわった。

　同封物は上位カードの魅力を伝えることを第一に考え、サービス内容と情報を盛り込んだ冊子のみに絞った。さらに、冊子にQRコードを記載することでオンラインでの入会を促進。その結果、これまでの封書DMと比較して、反応率はおよそ3倍。レスポンス率も当初の目標を大幅に超える1.4%を獲得することができた。

審査委員講評

上級カードへの移行はカード会社にとっても、大きな戦略的目標になっています。この作品は同封物をあえて冊子のみとするというコスト削減と目新しさというバランスがとれた作品だと思います。
柿尾正之

SPECIAL PRIZE

「働き方改革」の切り口で郵便業務の効率化にアプローチ
過去最大リード獲得でROAS3000% 自治体DM

左から、フュージョンの森敦氏、田村亮子氏

» 広告主　ピツニーボウズジャパン
» 制作者　フュージョン

staff　Adv 楢原幸弘　Dir 森敦　Pl 田村亮子

目的	見込み顧客の発掘
DMの役割	自社商品の拡販
発送数	1381通
効果	レスポンス率7.53%
他媒体との連動	自社サイトのトラッキングシステム
ターゲット	地方自治体

POINT
封筒に「働き方改革」のキーワードを載せ、開封したくなるDMに。

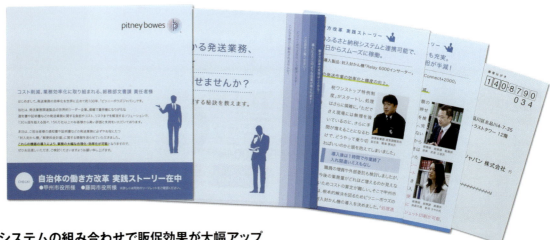

DM×トラッキングシステムの組み合わせで販促効果が大幅アップ

　ピツニーボウズジャパンは、郵便発送業務を大幅に効率化することのできる自社商品「封入封かん機」と「郵便料金計器」の拡販を目的として、地方自治体をターゲットにDMを送付した。
　まずは、話題となっている「働き方改革」のキーワードを使って、郵便業務効率の改善を提案。さらに、既に同社商品を導入している自治体の事例を同封し、効果と実績をアピールした。DMは冊子型を採用。短時間で読めるコンテンツを盛り込み、後日あらためて読み返してもらえるものを目指した。
　また、コーポレートサイトにトラッキングシステムを導入し、アクセスのあった自治体にはタイムリーにアプローチ。DMとフォローアップコールの組み合わせで、短期間で想定の2倍となるリードを獲得。広告費に対し３０００％の売上げを得ることができた。

審査委員講評

このDMは封筒が上手いです！地方自治体の総務部文書課責任者という"ターゲット"にドンピシャに刺さるストレートなDMであり、しかもここ1年でものすごく注目された「働き方改革」というキーワードを上手く活用できています！
加藤公一レオ

SPECIAL PRIZE

魅力的なコンテンツを複数メディアで出し分け SNSでも話題に
Creative Cloud × 中間管理録トネガワ キャンペーンDM

左から、圓岡充史氏、松原祐之介氏、田中ヒデナガ氏

》広告主　アドビ システムズ
》制作者　東急エージェンシー

staff　CD 渡辺コウキ　Communication Dir 河原大助　AD 田中ヒデナガ　D 中田嘉生、圓岡充史（terminal Inc.）　Media Pl 吉井光生　Promotion Pl 松原祐之介　Pr 出村光世　Contents Pl 白井雄樹

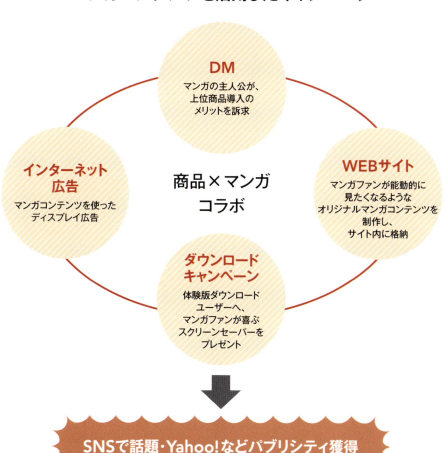

目的	継続顧客化
DMの役割	新シリーズへの買い換え促進
発送数	約9万通
効果	非公開
他媒体との連動	WEB媒体、WEBサイト、ヤングマガジン本誌
ターゲット	自社商品利用者

DMの訴求効果を高める複合的な戦略

　アドビ システムズは旧CSシリーズ利用者に向けて、新シリーズCreative Cloud（以後CC）への買い換えを促すDMを送付した。デザイン会社の経営者へ訴求するため、ターゲットの共感を生みやすい人気マンガ『中間管理録トネガワ』とのコラボを発案。中間管理職の主人公からCCシリーズの導入メリットをアピールした。
　また、WEB上でも作中の印象的なワード「ざわざわ」をモチーフにしたスクリーンセーバーのプレゼントキャンペーンを実施。Yahoo!TOPでトレンド掲載もされ、SNS上で話題を作り出すことに成功。トネガワファンへの訴求を強めた。
　デザイン会社に向けたバナー配信も展開した結果、トネガワを活用したバナークリエイティブで高い反応率を得た。DMの訴求内容を強めるため、WEBサイト、WEB媒体など、トータルなコミュニケーションで多くのパブリシティ獲得に成功することができた。

審査委員講評

DMをトリガーにして、Web施策、マンガ誌と連動させ、立体的なキャンペーンに仕立てているのが秀逸です。人気マンガによる現場感あふれるストーリーは、BtoBターゲットの関心を惹きつける力強さがあります。

明石智子

67

SPECIAL PRIZE

賃貸でワンランク上の暮らしを
ジャズミュージックをテーマに表現
戸建賃貸トスム完成見学会 案内状

ネイブレインの鈴木温子氏

» 広告主　ネイブレイン
» 制作者　ネイブレイン

staff　AD／D 鈴木温子

目的	見込み顧客の発掘
DMの役割	インビテーション
発送数	1200通
効果	レスポンス率1.67%
他媒体との連動	WEBサイト
ターゲット	物件オーナー、不動産仲介会社

POINT
レコードケースを模した封筒。プロモーションのコンセプト「ジャズミュージック」を伝える狙い。

情報を出し過ぎない戦略。詳細は当日のお楽しみ

　ネイブレインは、「戸建賃貸トスム」の完成にあたって、見学会を企画。同社の賃貸物件オーナーと不動産仲介会社にその案内を送付した。

　年配の顧客に向けて「賃貸でありながら、音楽やペットと暮らす自分らしい生活が叶う」という戸建賃貸のメリットを押し出すため、プロモーションのコンセプトを「ジャズミュージック」に設定。レコードジャケット風の封筒を採用し、顧客からも「懐かしい」という声が上がった。また、建物の形状や金額についてはあえて情報を制限し、イベントへの期待感を演出した。

　さらに、見学会予約専用のランディングページを制作し、DMにはQRコードと検索キーワードを掲載。キーワードの検索順位が1位になるようSEO対策も徹底した。その結果、来場者のほとんどがDMを目にしていた。多くのサイト流入数を得られた一方で、WEBからの見学会予約へいかにつなげるか、という課題も見えてきた。

審査委員講評

制作担当者は今回初めてのご応募です。作品はターゲットの趣向・心情に寄り添いつつ丁寧にブランドの世界観とターゲットの求めるちょっと贅沢なくつろぎの時間を見事につなぎました。深々とソファーにくつろぎジャズレコードに針を下ろす。リビングの壁収納には真空管アンプがありリビングのムードを引き立てている、そんな空想が拡がる秀作です。

城下博行

《入選》

一次、二次審査を通過し、最終審査まで進んだものの、惜しくも入賞を逃した入選21作品を紹介します。

第32回全日本DM大賞贈賞式（2018年3月、JPタワー ホール&カンファレンス）

にぎやかな演出と親切な案内が決め手
フィッシングエイト大阪南
グランドオープンDM

» 広告主　イチバンエイトグループ
» 制作者　イムラ封筒、ウォークデザイン

　釣り具店「フィッシングエイト」は、これまで出店のなかったエリアに新店をオープンするにあたり商圏内にDMを発送した。競合店を意識し、広い駐車場や国道から目立つ大きくてスタイリッシュな外観を効果的にアピール。駐車場や店舗のフロア案内図も同封した。近隣の既存ロイヤル会員には先行セールを案内し、売上を拡大。CMやチラシ、WEBでも告知したところ、ターゲットの男性釣り人だけでなく、カップルや夫婦、家族での来店も多く見られた。

受験生の心に温かいクリスマスカード
過去最大の志願者獲得!
進化した桜咲くクリスマスDM

» 広告主　学習院大学（学校法人学習院）
» 制作者　フュージョン、motto

　学習院大学は、大学のブランドイメージ向上と志願者数増加を狙いクリスマスDMを送付した。厳しい冬を乗り切ると春＝合格が待っているというポジティブなメッセージをデザインに込めた、受験生の心に訴えるカードだ。シンプルながら「はがす」楽しみもあり、学校のブランディングにも貢献している。DM送付直後から、SNSでも多数投稿があり、受験生への入学後のアンケートでは「最も入学の意思決定に影響を与えた広告メディア」との結果を得た。

感謝を込めて特別プログラムを案内
感謝の気持ちは輝き続ける
～特別な会員様へのご招待状

» 広告主　クレディセゾン
» 制作者　トッパンフォームズ

　クレジットカードの利用金額が多い、優良顧客に向け送付したDM。過去のDM実績をもとに「セールス」よりも「感謝」を打ち出す戦略を立て、優良顧客のみが応募できるスペシャルプログラムを用意。受け手が「大切に思ってもらえている」と感じられるDMを目指した。開封率を上げるため、封筒のデザインや紙質にこだわり、届いたときの期待感と上質感を重視。カード利用額の拡大と、継続利用の促進につなげた。

ウニの美味しさを伝えるこだわりのDM
レスポンス22％超!
老舗鮨屋の旨味再現DM

» 広告主　札幌すすきの　菊鮨
» 制作者　フュージョン

　札幌すすきの　菊鮨は、独自の仕入れルートで礼文・利尻島でその日の早朝に獲れるバフンウニを夕方の営業に提供している。今年も既存顧客に向けてウニの入荷開始を知らせるDMを作成。受け取った瞬間の「食べたい」をそそるため、提供時期と同じくウニが最も旬の時期に撮影したウニの写真を1年前から準備。シズル感たっぷりに粒の大きさや、瑞々しく光るオレンジ色を再現。Facebookでのクロスメディアも行いDM対象者の22％が来店。ROIは161％と過去最高を記録した。

WEBサービス登録への抵抗感を払しょく
クレディセゾンらしいDMでの
WEBサービス登録訴求

» 広告主　クレディセゾン
» 制作者　I&S BBDO

　クレディセゾンは、WEBサービス未登録でカード継続利用のセゾンカード会員向けに、登録を促すキャッシュバックキャンペーンを実施した。同社らしいセゾンカウンターでの丁寧な案内をDMでも表現すべく、江口寿史氏が描いたカウンター員を全面に使用。WEBサービスへの抵抗感を減らすため、シンプルでわかりやすい表現を心がけＡ３見開きの大判サイズにした。その結果、５０００件の登録を獲得。WEBサービス登録による会員の活性化、利用額拡大につなげた。

「お歳暮に梅干」を再認識してもらう
12年に1度の縁起物・申年の梅を
おすそわけ

» 広告主　松晃梅
» 制作者　片岡メディアデザイン

　松晃梅は、顧客にDMを送付し、梅干のお歳暮需要を喚起した。若女将がインタビュー形式で梅のある暮らしを語り、若い世代に梅干の良さを伝えるという内容。さらに、上位顧客１０００名に縁起物である「申年の梅塩」を同封した。DMに厚みを出して手触りを変えたのは、開封率を高める狙いから。販促費用は前年並みのまま、申年の梅のレア感と生産者の顔が見える安心感で、レスポンス率、売上金額ともに前年比２０％アップとなった。

蕎麦の種に想いを乗せて、引越しのごあいさつ
【引越し蕎麦付き!】事務所移転DM

» 広告主　スギタプリディア
» 制作者　スギタプリディア

　広告制作を行うスギタプリディアは、大阪支社の移転に際して案内状を送付。「アイデアのあるクリエイティブ」「無視されない広告物の企画・制作力」をアピールした。「引越しのごあいさつに蕎麦をご用意させていただきました」と書かれたDMを開けると、中には蕎麦の種と「育てるタイプ」の文字が。オチを付けた構成はインパクト大。ゼロ（種）から結果（実）をつくりあげる広告クリエイティブのプロセスと楽しさを共感してほしいという意味も込められている。

宝探しで遊びながら機種変更へ誘導
スマホで探してお宝ゲット!
トレジャーハントDM

» 広告主　ソフトバンク
» 制作者　博報堂

　ソフトバンクのスマートフォン利用者に新機種への切り替えを促すDM。DMに貼られたNFCシールをスマホで読み取ると、楽しく遊びながらWEB上の機種変更のページへたどり着けるような仕掛けを施した。探検・冒険を連想させる世界観を演出するため、紙面には新機種の情報は一切掲載せずに、新機種の機能を連想させるイラストを盛り込むにとどめた。DM送付者の61%が、DMを開封した後WEBサイトを訪れる結果となった。

「開けたくなる」DMを追求
ノベルティを封筒に! クリアファイルで
開封率大幅UP

» 広告主　ソフトバンク
» 制作者　電通、ベストプロジェクト、トッパンフォームズ

　家庭用Wi-Fiの利用者で契約満期を迎える顧客に、最新機種への変更を促したDM。DM限定のオファーが訴求力の強い内容だったため、いかに開封率を上げるかに注力した。店頭ポスタービジュアルを活用し、クリアファイルとして使える封筒も採用、インパクトを高めた。通常封筒版とクリアファイル版で比較したところ、両方とも同様施策の平均入電（申込受付）率を上回っており、特にクリアファイル版は計画値比2倍の入電につなげた。

クロスワードパズルで個人情報を獲得
アナログ　ゲーミフィケーションDM

» 広告主　大庄（北陸エリア直営5店舗）
» 制作者　大庄（北陸エリア直営5店舗）

　居酒屋チェーンを運営する大庄は、見込み顧客発掘、リピーター化施策の一環として、クロスワードパズルを掲載したDMを北陸5店舗で実施。近隣商圏へはがきを送付した。パズルを解いた人には、連絡先をはがきに書いて持参してもらい、クーポンとして利用できるようにした。パズルを付けた狙いは、DMを受け取った人が自然とペンを手にとり、DMに触れる時間をつくれるようにするため。5店舗の平均レスポンス率は12%となり、個人情報が収集できた。親しみやすいゲーム要素を取り入れて、抵抗感のない接触を図った。

利用者の生の声でサービスをアピール
インポートエクスプレスフェア
お客さま活用事例紹介DM

» 広告主　DHLジャパン
» 制作者　デザインバーコード

　DHLが展開する、輸送サービスの拡販施策としてDMを送付。過去実績で反応が良かったEC、アパレル業界の中でも、Eメールでリーチできなかった顧客をターゲットとした。景品が当たるキャンペーン告知と同時に、事例シートでユーザーの利用体験談を紹介。ブローシャーでは伝えきれないサービス内容を効果的に伝えた。手元に残したくなるクリアファイルも同封し、開始1カ月で1100件のキャンペーン登録を獲得。事例シートは営業ツールとしても使用している。

入塾検討者の心情変化に寄り添う
カスタマージャーニーを設計!
新高3生募集シリーズDM

» 広告主　東京個別指導学院
» 制作者　ローグ クリエイティブ

　新高3生の入塾者獲得を目指したシリーズDM。3月の塾決定期に合わせ、1月は客観的な視点で同塾をアピールする冊子と学習相談会の招待券を同封、認知向上を狙った。その後2月、3月と継続的なコミュニケーションを行っている。DM制作にあたり、前年同時期のコールセンターに寄せられた問い合わせを分析。ターゲットとなる高校生と親のペルソナ設計を行い、多忙な学校生活における心情変化に寄り添った内容が奏功し、過去最高在籍数での新年度開始を実現した。

メリットをわかりやすく伝えて入会率アップ
スマホアプリ会員を獲得するためのDM

» 広告主　南国酒家
» 制作者　ビートレンド

　南国酒家は、ポイントカード会員に対しアプリ会員への登録を促す施策としてDMを作成。客層がファミリー、ビジネスマン、シニアと幅広いため、アプリ導入のメリットや手順をわかりやすく伝えることを重視。また既存ポイント会員ごとに異なる認証コードを印字し、登録時に住所や氏名を打ち込まなくてもいいようにするなど、離脱を防止する工夫も施した。その結果、DM送付者のアプリ会員への入会率は10.66%となり、会員認証の過程でメールアドレスも取得できた。

おしながき風で親しみやすく
化粧品本品1回目顧客向け
美肌割烹リピート促進DM

» 広告主　日本盛
» 制作者　ゼネラルアサヒ

　自然派化粧品のリピート購入促進を目的にしたDM。「企業から来たDM」ではなく、実店舗や訪問販売で商品を選ぶ時のように、親しみを感じてもらいながら購入につなげることを目指した。酒メーカーでもある日本盛らしく、DMをおしながきに見立て、化粧品を割烹料理のようにおいしそうに見えるように工夫。社員が着物を着て登場し、コンセプトやおすすめ商品のポイントを伝えた。1カ月のレスポンス率は16.92%となり、従来DMよりも高い効果が得られた。

EXCELLENT WORKS

加工を施し展覧会の期待を高める
ART BY THE HAND

» 広告主　パジコ、オンワード樫山、オルファ
» 制作者　電通、ブルーカラー、ショウエイ

　3社が共催した展覧会への招待状DM。展覧会では、パジコが粘土、オンワード樫山が布、オルファがカッター、とそれぞれテーマを設けアーティストによる手作業の作品を発表。DMにおいても各テーマがわかるよう、立体的につくるパジコをエンボス加工で、縫ってつくるオンワード樫山をステッチエンボス加工で、切ってつくるオルファを抜き加工で表現。展覧会への期待が高まるようなクラフト感のあるDMを追求した。

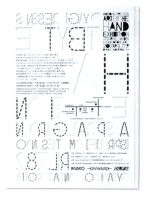

名刺交換年に応じてデザインを変更
ROI807%達成!【お付き合いの年数別】の年賀状

» 広告主　フュージョン
» 制作者　フュージョン

　DM制作を行うマーケティングエージェンシーのフュージョンによるクライアント向け年賀状DM。継続取引年数が長いほど取引高が大きいというデータ分析結果をもとに、名刺交換からの経過年数に応じてデザインの異なる年賀状を作成。Facebookやメールマガジンでは制作秘話を公開した。複数部署の担当者と名刺交換している会社には、様々なデザインの年賀状を届けることで話題化も狙った。発送後は、名刺交換済みだが取引実績のない会社から新規案件の依頼があった。

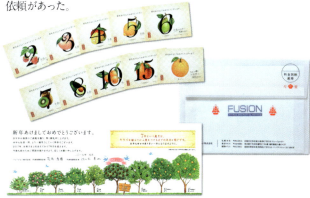

スタッフの笑顔を届け、関係構築
平安堂通信

» 広告主　平安堂
» 制作者　エムズデザイン

　平安堂は、既存顧客に対し、年賀はがきの印刷サービスを訴求するDMを送付した。スタッフの顔を知ってもらい、気軽に話しかけてもらえるような関係性を築きたいという思いから、笑顔あふれる写真を数多く掲載。スタッフのプロフィールや手書きのコメントも載せ、親しみやすい内容を心がけた。年賀状印刷の案内であることが一目で伝わるわかりやすいデザインで、DM送付者の3割から注文を得ている。

部活生の悩みに応えるメッセージ
進研ゼミ「高2講座」入会案内

» 広告主　ベネッセコーポレーション
» 制作者　Bgm、ナナマルニ・ワークス

　進級前の新高校2年生に向けた進研ゼミの入会案内DM。ターゲットは、高校1年生の学年末テストが終わり、何か対策を始めなければと危機感を抱いているが、部活動が忙しく勉強に手をつけられない生徒。「クラスに一人はいる部活をやりながら成績上位の人はどんな勉強をやっているんだろう」をテーマに、マンガと先輩体験談で構成。部活生のインサイトを突いたメッセージと内容が功を奏し、クリエイティブ変更前のDMと比較し、入会数187%を達成した。

「基礎力」訴求で生徒の心をつかむ
弱みを強みに変えて、3カ月でブランドを変える販売

》広告主　ベネッセコーポレーション
》制作者　REC

　難関大学の受験に向け、予備校を検討している高校2年生をターゲットに、通信教育である「進研ゼミ」冬期講習のプロモーションDMを展開。同ブランドは小中学生の利用が多く「基礎的」などのイメージを持たれやすい。この弱みを強みに変える戦略で、大学受験に必要な「基礎力」が身に付くことをうたい、差別化を図った。3カ月間3本のDMの訴求内容を「圧倒的基礎」に絞り、対前年同時期比で142％の受注を獲得した。

日本一の山で商売繁盛を祈願
富士山頂からの残暑お見舞い

》広告主　マクロミル
》制作者　マクロミル

　マクロミルは、顧客の商売繁盛を祈願して様々なものにチャレンジする企画を2015年から毎年行っている。2017年は日本一高い山頂から顧客のビジネス成功祈願をするため、富士登山を決行。山頂郵便局の消印付きの残暑見舞いを約2200通投函した。その後、登山の模様を紹介した特設サイトを紹介したメールマガジンを約62000名に配信。メール開封率は約30％、「本当に富士山から送ったのか」など160件以上の反響メールも届き、顧客との関係性強化につなげた。

皿型DMの上でレシピ動画が見られる
おうちがいちばんレシピ<AR>DM

》広告主　三井不動産レジデンシャル
》制作者　読売広告社

　単身女性のマンション購入を応援する「モチイエ女子project」の一環として送付されたDM。従来の不動産DMのイメージを払拭し、見込み顧客へのドアノックツールとなることを目指した。皿型のDMの上にスマホをかざすと、家で簡単につくれるレシピ動画が見られる仕掛け。ARを用いて自分の家で料理ができあがるような体験を提供した。DM発送後、資料請求が増加。またWEBでレシピコンテンツを公開し、希望者にDMを送付して見込み客情報も獲得した。

DMは、進化しつづける。

各界の雄も唸る作品が集まった第32回全日本DM大賞。
審査委員が一つひとつの作品に向きあい、戦略性、クリエイティブ、実施効果の3項目を基軸に評価した。
今回は、新たなDMの使われ方も見られ、白熱の議論の末、入賞作品を決定した。

最終審査会レポート

五感に訴える One to Oneメディア「DM」の新たな活用

IT企業から自治体、まちの食堂まで、幅広いジャンルの広告主による作品が集まった
第32回全日本DM大賞。
入賞した作品は、One to Oneメディア、というDMの本質を生かした
クリエイティブやデータ活用が見られ、DMとSNSの結びつきに成功したものもあり、
DMの進化を感じさせる内容であった。
ここでは審査会での議論を振り返るとともに、今後につながるDMのポイントを探る。

データの活用で「感動」が生まれた

恩藏: 今回はOne to Oneのコミュニケーションがきちんとできている作品が豊富だったように思います。グランプリに輝いたソフトバンクの「ケータイアルバム」は、もらった人がどんな気持ちになるかを考えると、とても興味深い作品でした。10年間、どんなケータイ機種を使ってきたかがわかる、自分だけのアルバムですから、見た瞬間、自らの歴史も鮮やかに頭をよぎると思います。若い人ならなおのこと、高校生、大学生、社会人と、10年でさまざまな人生の岐路を迎えたことを思い出すでしょう。商品の利用経験を懐かしく思い起こさせるという、DMの新たな価値を生み出している作品です。また、理性的なルートからではなく、エモーショナルなルートから、新規機種をセールスするというアプローチが新鮮でした。

> **五感に訴え、感覚的に記憶に残るDMがあった**
> 恩藏 直人

椎名: 購入履歴という無色透明なデータを、受け手の「自分史」に重ね、データから感動を生むところまでクリエイティブを昇華させている新しい事例です。DM制作上のブレイクスルーとして評価されるべき取り組みだと思います。

城下: こうしたOne to OneのDMが届くと、ユーザーとしてすごく大事にされている感じがしますし、特別感がありました。

山口: DMにかけるコストをきちんと回収するモデルができていると感心したのが、金賞のCCCマーケティングです。業種別の絵本を9

> **DMを受け取ったとき、大事にされているのが伝わってくる**
> 城下 博行

パターン作ったB to BのDMは、通数も少ないですし、1通あたりの経費は高い。でも取引単価も高い商材で、業界別にターゲットを絞った内容で開封率を上げ、サービスを利用したら何ができるか、わかりやすく情報を提供して受注につなげていました。

明石: 絵本のストーリーが読みやすいですし、周りの人も説得しやすい作り込みです。B to Bのサービスは、稟議を通すため、直接の担当者だけでなく社内上層部の巻き込みもできるかどうかが重要です。

柿尾: 具体的な提案がなされている絵本は、営業担当者の代わりになるセールスツールと言えます。

椎名: DM施策を実施後、すぐに受注を獲得していて、担当者はDMを見ただけで「やってみよう」という判断がしやすかったのではと推察できます。ページをめくるごとに、受け手なら知りたい情報が次々出てきて、説得力がありました。

加藤: デジタルの世界では、マーケティングオートメーションの仕組みを使って、顧客の状況に応じたメッセージを自動的に配信していく流れになっています。この潮流にDMならではの丁寧さで対抗できていたのが、金賞の生活総合サービスだと思いました。美容サプリの購入後フォローDMで、商品の効果を実感できるまで寄り添い、継続的に利用するための応援メッセージを送っています。購入からの経過日数に応じたDMの発送、連動したメルマガといった流れを仕組みにして、継続利用につなげています。

徳力: コスト的には電子メールをバンバン送りがちな顧客育成の部分を、あえて紙の冊子として送ることで、受け手も読む気になるし、伝わるだろうなと思いました。また、データを活用したコミュニケーションという意味では、銀賞を受賞した味一番のはがきDMが印象的でした。スタンプカードになるはがきを商圏内に出して、名前と住所を記入したはがきを持って来店すれば割引するというもの。これによって顧客の名前が分かるので、常連さんを名前で呼びかけることができたというのは印象的な事例でした。

加藤: 大手チェーン店ではなく、まちの小さな飲食店が、顧客データベースづくりを試みたこと自体を評価したいですね。はがきに載っているカツ丼の写真は2種類あり、ABテストを実施して効果を検証していました。

> **デジタルではできないけれどDMならできるアイデアの追求を**
> 加藤 公一レオ

山口: レジで顧客を待たせず、スタッフの負荷がかからないように、リスト収集に小型のスキャナーを駆使していました。日本中のいろんな店で再現できる、いい事例でした。

五感に訴えるDMで驚きの体験を

恩藏: 銀賞と審査委員特別賞 クリエイティブ部門を受賞したドリッパーズは、銅板で作った「年賀状」の質感と重厚感があって、頭の中で理解するというよりも、感覚的に記憶に残る作品でした。

佐藤: 紙と銅の質感のギャップをよく考えて作られた作品でした。光を吸収するトレーシ

ングペーパーで銅板を包んで、金属の質感を消し、封を開けたときのインパクトを狙っていて、とことんこだわっていたのが印象的です。開封してぱっと取り出したときに、銅の輝きがとても目立つクリエイティブは、捨てられない手元にとっておきたくなるDMだと思います。

> DMの原点は、
> 名前で呼びかけ
> 思いを伝えるラブレター
> 木村 健太郎

木村：クリエイティブの秀逸さも際立っていましたが、その「年賀状」が独自通貨となって、地元のコーヒーショップでコーヒーが購入できる仕掛けが素晴らしいと思いました。シズル感のある「おもてなし」で、年賀状というトラディショナルな手法ながら、細かい部分までよく作り込まれていました。

明石：社名の由来になっている「抽出」をテーマにしたDMのストーリーがあって、シナリオもよくできているという印象です。

柿尾：「年賀状」として成り立っていて、独自通貨の「お年玉」も付いて、組み立てに一貫性がありましたね。

明石：シズル感という意味では、銅賞を受賞した小田急電鉄のゴルフクラブDMが富士山を眺めながらコースを回る体験型になっていて、よかったと思います。高齢化が進む中で、ゴルフ場に若い層を取り込みたいという課題に対して、グループのカード会社のデータを見ながら見込み客にアプローチをしていました。

佐藤：富士山が飛び出す仕掛けや、めくって中身を読ませるなど、紙ならではの体験ができる作品でしたね。このコースでゴルフをしたら気持ちいいだろうな、と思わせるDMだと思います。

木村：金賞のダイレクトマーケティングゼロの作品は、VRを使った先駆的なDMながら、汗と涙と努力で驚かせていました。テクノロジーで驚かそうという企画の場合、期待値は上がるものの、コンテンツにがっかりしてしまうことも少なくありません。でもこの作品は受取り手ごとに50パターンの動画を撮影していました。

徳力：専用メガネでVRを体験できる新しさだけでなく、1人ひとりの相手を喜ばせようという熱意を感じる作品でした。

木村：銀賞を受賞した日本盛の「声で伝える感謝状DM」は、ボタンを押すと個人名で呼びかけるメッセージが流れます。音声アシスタントを使ったサービスは、これからどんどん世の中に増えていくでしょうし、今の時代を象徴しているようなDMだと思いました。

恩藏：宛名はすべて手書きで気持ちがこもっている印象を受けました。

加藤：銀賞と審査委員特別賞 実施効果部門を受賞した未来は、トライアル購入した顧客のクロスセルに注力した取り組みでした。クリエイティブも手が込んでいて、思わず「使ってみたい」と思わせる説得力の高い作品でした。クロスセルにつなげた成果も数字でき

っちりと出ていました。

山口：商品ラインアップとその啓蒙、コンバージョンへの流れがとてもよく連携していました。特にラインアップに関するメッセージの質が、プロの仕事だなと思いました。3商品をきちんとライン使いしてもらうための文脈の植え付けが、よくできていたと思います。

柿尾：銀賞の日清ファルマも、継続利用を促すDMで、よくできていました。良好な腸内フローラを作る新商品のサプリメントは、継続利用する意味を伝えるのがなかなか難しい商材だと思います。それでも「整える」、「身につける」、「維持する」という大腸環境の3つのステージに応じて、異なるDMで啓蒙し、継続利用にうまく誘導できていたと思います。

> 丁寧なアプローチで
> 継続利用を啓蒙、説得する
> DMの工夫に感心
> 柿尾 正之

SNSとの連動で
効果を最大化

椎名：今年はDMとSNSが有機的に結びついている作品が見られました。DM発でSNSを使って拡散し、レスポンス率を上げる仕掛けは、これまで海外では見られても日本ではなかなか出てこなくて、「いいね」ボタンがいくつ押されたかということにとどまっている状況でした。ところが、銀賞のアドビ システムズのDMは、SNSでの拡散はもちろんのこと、キャンペーンサイトへの誘導にしっかり結び付けることができていました。DMは今後、「SNS拡散の仕込みメディア」という位置づけでさらに利用されていくのではないでしょうか。クロスメディア部門で賞を獲っ

た銀賞のGAMAKATSUは、まさにそういう使い方でした。

> ポストに入っていたら嬉しい、とっておきたくなるDMを目指してほしい
> 佐藤 夏生

佐藤：GAMAKATSUは、謎めいたティーザーDMが面白かったですね。釣りざおという商材の趣味性の高さと、情報を小出しにする手法の相性がよく、マニア受けする世界感だと思いました。高級釣りざおでムーブメントを起こすというのは、思い切りがよく大胆ですが、初回ロット生産した商品は発売前にすべて売り切れていました。新商品予想がされるなど、ファンにとってはたまらない仕掛けだったのでしょう。

> SNSとDMの結びつきで、メディアの使い方に新たな兆し
> 徳力 基彦

徳力：商品の発売前からSNSでつながったファンとコミュニケーションを取りつつ、楽しみながら情報発信してくれるのを狙った取り組みで、とても興味深いです。また銀賞の東京電機大学のDMも、アニメ好きの高校生にSNSで拡散されるように作られていて、オープンキャンパスでの集客で成果を収めていました。

山口：「高校生を集めたい」という明確な目的のもと、徹底的にターゲットに寄り添い、インサイトを見極めて、DMが作られていたと思います。

椎名：大学卒業後に就きやすい職業といった情報も、ターゲット層に受け入れられやすいイラストに落とし込んでいましたね。DM後に得られたTwitter関連のデータもしっかり取って効果を測っていました。

明石：応募作品には、新しい業界からのチャレンジにも期待していましたが、クラウド会計ソフトfreeeの「個人事業主様向け確定申告ガイド」や岡山県玉野市の「特定健診受診勧奨DM」が、銅賞を受賞しました。freeeのDMは「どうすれば確定申告を憂鬱な気分にならずにラクに乗り切れるか」というところをしっかり口説いていました。確定申告までのスケジュールがカレンダーになっていて、それを手元に置いていると、じわじわと存在感が増して行動を促す仕掛けになっていました。

城下：玉野市のDMは、ターゲットである健診未受診者をセグメントしていて、それによってクリエイティブやメッセージを変えていました。自治体が発送主のDMだと開封率も高いですし、長期的な医療費の削減につながる良い取り組みだと思いました。

加藤：銅賞のオイシックスドット大地もそうですが、EC業界など、これまでDMと縁遠かった業界が、新しくDMを使い始めたらもっと面白くなりそうですね。

恩藏：進化とともに、いくつかDMの新しい潮流が見えてきた今回の審査でした。売り上げに直結する、顧客を獲得するということだけでなく、DMが担う範囲は今後ますます広がりそうだと感じました。

DMメディアを盛り上げる次回の応募作に期待

柿尾：応募作は年々レベルアップしていっているのを感じます。今年の受賞作も、これからDMを作るうえで刺激になるような工夫がつまっているので参考にしてほしいですね。

加藤：受賞作品は、毎年の傾向がそれぞれあると感じていますが、今回は究極のOne to Oneがトレンドだったという印象です。「デジタルではできないけれど、DMならできる」強みを生かした作品がありました。単純にリーチ率が上がればいいのなら、他にもたくさんメディアがありますが、紙でしかできないことを表現できているDMが、今後どんどん増えてほしいですね。

木村：DMの原点は手紙でありラブレターなので、大切なことは「名前で呼びかけること」だと思います。そして、作り手や送り手の思いがきちんと伝わることだと思います。それは、デジタルでカバーできない部分でもあります。パーソナライズし、メッセージを伝える作品が今回たくさん受賞しました。思いを伝えるという原点をしっかりと実現できていたからこそ、高い評価につながったのだと思います。

城下：受け手のことをおもんぱかって送られてくるDMは、手にしたとき特別感や優越感を抱かせてくれます。そうした感情によって購買行動にも変化が起こります。広告主の思いがひしひしと伝わってくるのがDMメディアだと思います。

> 注意を分散させずに広告主のメッセージを伝えられるのがDMの強み
> 山口 義宏

山口：DMは、注意が分散しない環境でメッセージを伝えられることが強みです。そして、売る、コンバージョンするという目的を持ちながらも、「われわれは何者である」や「あなたのことをどうケアしているか」などのメッセージを非常に伝えやすいメディアです。それに最近は、デジタルでデータが取れることで、

DMを送るタイミングが洗練されてきたと感じます。今後は、洗練されたタイミングで、どのようなエモーショナルな仕掛けができるのか進化が楽しみです。

明石：今回、「これは私にとって必要」と思わせることができるか、口説く力があるか、という観点で作品を審査しました。今の時代、受け手に対してすぐに行動するよう呼びかける「即行動」というのが、DMの使い方として一つのトレンドであるように思います。ただその一方で、「じわじわ効いてくる」というキーワードが、確実な行動喚起を促すために、やはりとても重要ではないでしょうか。これからも、顧客の心に入りこみ、じわじわと行動を促す作品を期待しています。

> **無色透明な顧客データも、感動を生むクリエイティブへ昇華できる**
> 椎名 昌彦

> **じわじわと行動を起こさせるチャレンジに今後も期待**
> 明石 智子

椎名：データドリブンの流れの中で、データ活用を生かした作品も多く見受けられました。グランプリを獲得したソフトバンクのように、データから感動を生み出すクリエイティブはこれまでになく、過去の受賞作の中でも特筆されるものだと思います。今後も、もっとこういう作品が見たいですね。また、DMは情報量が多く、コアターゲットに価値のある情報をドンと見せられるメディアなので、SNSの発信源になっていくと思います。

徳力：デジタルの業界では、販促はデジタルだけでやろうとしがちです。でも応募作を見ていると、デジタルにアナログを組み合わせることで結果を出せる可能性が明確に見えます。逆に、デジタル以外の業界の方にもっと考えていただきたいのは、DMを受け取った人がSNSなどで言いやすいよう、伝わりやすいようもう少し工夫が必要だということです。せっかく作り込んだDMを送るのだから、来年はよりデジタルとの融合が進化して、さらに大きな反響が出ることを期待したいですね。

佐藤：DMを発送する目的は、広告主によってそれぞれあると思いますが、届いた人がハッピーになるようなDMになっているかどうか、この発想を忘れずにいてほしいです。ポストを開けるのが楽しくなるような作品が増えれば、DMメディア自体がもっと盛り上がるように思います。

恩藏：私は今、「センサリー・マーケティング」というトピックを研究で扱っています。消費者の五感を刺激することで、判断や行動に影響を与えるマーケティングを指しますが、今回の審査で印象に残ったものは、まさに五感に訴える作品でした。審査を終えた今、紙の質感や動画などが、記憶に残っています。全体的な印象としては、DMの守備範囲が非常に広がってきていると感じました。売り上げや顧客の獲得などの成果に結びつくだけでなく、ブランド構築を目指す上でDMは強力なツールになるという感触を得ました。今後は、ブランディングの側面からのDM活用がもっと広がっていくといいのではと思います。

（敬称略）

効果を高めるDMのための企画・制作チェックリスト

「全日本DM大賞」審査会では、審査委員をうならせる作品が多く集まった一方で「惜しい」と評されるものも少なくありませんでした。戦略性やクリエイティブアイデアと細部への気配りのバランスこそが重要で、その上でストーリーの一貫性が優れているものが上位にランクインしたと言えそうです。審査委員の声から4つのポイントを挙げました。

 ## 伝えたいことは明確ですか?

DMはテレビや新聞などのイメージ広告とは違い、明確な目的のもとで行うものです。ところが、来店を促したいのか、Webサイト経由で注文を取りたいのか、資料請求につなげたいのかなど、「何をしてほしいか」が伝わりにくいDMが少なくありません。複雑な仕掛けを施したDMほどその傾向が見られます。行動を起こさせることがDMの目的。電話番号を記載するだけでなく、「電話ください」と入れないと明確には伝わりません。アイキャッチからオファーへの動線はスムーズか、再度チェックしましょう。

 ## 情報を盛り込みすぎていませんか?

お得な情報が詰まったDMは、興味のある生活者にとってはうれしい半面、受け手にとって負担にもなります。また、情報を盛り込みすぎると本当に読んでほしいオファー部分に到達しないかも知れません。情報量が適切かどうか、ぜひ見直してみることをお勧めします。例えばDMでのメッセージはシンプルなものにとどめ、詳しく知りたい人にはWebサイトに誘導するというアイデアもあるでしょう。また、読ませるストーリーづくりやデザインを整理するなど工夫次第で、同じ情報量でもすっきり見せることもできます。

 ## 細部に気を配っていますか?

DMは「手に取らせる」ことで受け手に驚きや喜びを与えることができる広告媒体です。封書や宅配便を使って送り手から受け手へ届けられ、「贈り物感」「特別感」を演出することができます。もっとも、「特別」だからこそ、細部のちょっとした配慮が欠けていると、そればかりが目に付いてしまうことにもなりかねません。プレミアム感を出したい場合は封筒の手触りや印刷にも気を配るべきでしょう。また、使用する写真や送付状のメッセージなど細部に工夫を重ねることで、送り手の思いがより伝わるものです。

 ## コピーは練られていますか?

DMの成否を占うのはクリエイティブにとどまらず、ターゲット分析から事後のフォロー、クロスメディア展開など様々な要因があります。とはいえ、コアとなるのはDMそのもの。しっかり読ませるコピーワークが欠かせません。DMのコピーはマス広告のコピーとは異なります。行動を促す言葉、具体的なメリットをどう効果的に出していくかが重要。一方、送り状のメッセージなどは、温もりが感じられる手紙のような文章が効くでしょう。デザイナーとコピーライターがタッグを組んでこそ、効果的なクリエイティブが生まれます。

審査委員紹介 （順不同・敬称略）

審査委員長

恩藏 直人
早稲田大学 商学学術院 教授

DMと聞くと、どうしても短期的な販促効果を思い出してしまいます。ところが今回の審査では、新しい価値や効果を積極的に狙い、DMの可能性を模索した作品が目につきました。グランプリに輝いたソフトバンクの「ケータイアルバム」はその一つ。ノスタルジーを誘う経験価値を打ち出し、ブランドへのレゾナンス（共鳴）を生み出しています。ドリッパーズによる「銅板DM」も印象的でした。あの重さや感触は感覚価値にあふれ、今日注目されているセンサリー・マーケティングの流れにも乗っています。

最終審査委員

明石 智子
電通ワンダーマン
ダイレクトソリューション局 局長

新興の業界・企業による応募も加わり、ますます全体のレベルが高くなってきた印象です。デジタル施策だけでは反応しにくい層へのDM活用のみならず、データ分析やテクノロジーを駆使してのOne to Oneアプローチ手法と表現力がさらに洗練されてきました。特にターゲットの琴線に触れるエモーショナルな表現には感服しました。データを活用しつつ、感情面に入りこみ、体験を促す人間味あふれるDMに期待しています。

柿尾 正之
柿尾正之事務所
代表

ネット全盛時代の中で、DMはネットでは構築できにくい顧客との関係性を築きつつあり、今回の審査を通じて、さらにその想いは一層、強くなったように思います。今回は、全体的に戦略的な目標が明確になっていること、受け手の感情部分への訴求力が高まっていること、そして作品の完成度が全体的に上がっていることを感じました。特に感情的な訴求力に関しては、DMは限界がなく泉のごとく今後も溢れ出てくることを期待させられました。

加藤 公一レオ
売れるネット広告社
代表取締役社長

ダイレクトマーケティングの本質とは「初回申込はあくまでもきっかけであり、その後、半永久的にお客様と関係構築ができること」だと私は思います。その「関係構築ができそうな＝LTVが最大化できそうなDM」を制作しているかを最重要視しました。その中で強烈に思ったのは、今年のDMは「読み物として面白い」、まるで情報誌のようなDMが多かったところでした！メルマガよりやっぱりアナログなDMがいいですね。今後は、WEBがマネできないような、より「DMならでは」の芸当を使った作品を期待したいです。

木村 健太郎
博報堂ケトル
代表取締役 共同CEO
エグゼクティブ クリエイティブディレクター

断言しますが、はっきり言ってDMはネットに勝てません。だって効率悪いですから。しかし、その「効率の悪さ」にDMが勝てるポイントがたくさんあるのだ、というのが審査の印象です。非効率すぎて受け手がびっくりしたり、効率を度外視したおもてなしが受け手の心を捉えたり、理屈で説明できない違和感が受け手の記憶に残ったり。世の中便利になりすぎて、効率を度外視した一見無駄なものが人の心を動かすのかもしれません。そんなところにDMの発想のヒントがあると思います。

佐藤 夏生
EVERY DAY IS THE DAY
Creative Director / CEO

DMがポストに入っていると嬉しいですか？ワクワクしますか？初めて審査するにあたって、僕はそこを大切にしました。どんなに効果があったとしても、その裏には効果に結びつかなかったDMが存在します。そのDMはその人たちにとっては、嬉しくなかった、ワクワクしなかったわけです。広告・コミュニケーションの狙い、目的は、人を捕まえる、つなげるだけでなく、社会を豊かにするものでないといけないと思います。ポストを覗くのが楽しみになる。そうした心に響く、心を動かすDMが一通でも増えることを願っていますし、期待をしています。

椎名 昌彦
日本ダイレクトメール協会
専務理事

今年のDM大賞ではデータ活用を表現に落し込む手法に大きな進展があったように思います。ソフトバンクやCCCマーケティングなどデータを使って「驚き」や「思い出」まで伝えています。通販系の作品についてはここ数年で洗練を極めた完成度の高いものが多く、ある意味行きついた感を持ちました。新たな展開が見たいところです。新機軸としては、アドビや東京電機大学などDMを起点としてSNSへの拡散まで計算に入れた作品が複数登場しています。海外では多い例ですが、日本でも本格的な「DM＋デジタル」展開が見られた年として記憶しておきたいと思います。

徳力 基彦
アジャイルメディア・ネットワーク
取締役CMO／ブロガー

DM大賞の審査は2回目になりますが、今年は一層DMとデジタル技術の融合が進んだ印象を強く受けました。特に興味深かったのは、一人ひとりの顧客に合わせたパーソナライズ化や、受け取った人が感動してシェアすることを目指した施策など、リアルとデジタルの融合で、DMがより顧客との親身なコミュニケーションに近づいている印象がある点です。ただ、顧客のシェアの効果を定量的に把握している企業が意外に少ないようですので、是非調べてみることをオススメしたいと思います。

山口 義宏
インサイトフォース
代表取締役

DM大賞の審査は初めてでしたが、手元においておきたくなる凝った作品の多さが印象的でした。一方でDMに限らずマーケティング施策ノウハウは普及し、一定レベル以上の企業の施策は、そつなくクロスメディア連携がされたものになっています。テクニックがコモディティ化し、生活者も慣れていくので、今後は仕掛けの上にのるコミュニケーションやクリエイティブ表現が、どれだけターゲットの"インサイト"を深く突いているか。仕掛けの仕組みより基本の精度が問われていくと感じています。

城下 博行
日本郵便
郵便・物流営業部長

はじめに、数多くの素晴らしい作品をご応募くださり心より感謝申し上げます。今回の審査で強く感じたのは「心理戦」。ターゲットの心情・心理を測った上で丁寧且つ的確なタイミングとクリエイティブによりコミュニケーションを紡ぎぬいた作品が上位を占めました。昨今のデータ収集力と解析技術の進展により、以前とは比べものにならないほど精緻なシナリオ立案が可能になったことが所以といえるのではないでしょうか。次回新たなチャレンジを期待します。

二次審査委員

磯部 康人
博報堂DYメディアパートナーズ
データドリブンプランニングセンター
クリエイティブプロデューサー／
ディレクター

どの作品もアイデアに富み、全体的なレベルの高まりを感じました。ただそれゆえ、顧客データや新しい表現技術をうまく活用した、という印象では突出するのが難しいかもしれません。私が選んだベスト作品は、顧客データをもとにしつつ、さらに相当な手間をかけ、でもその苦労を感じさせずにただ喜んでもらいたい、というやさしさにあふれたものでした。これからも、そんな作品を期待しています。

岩野 秀仁
エムアールエム・ワールドワイド
ビジネスディレクター

常連だけど過去の結果に満足せず、地味だけど改良し進歩させている作品がある一方で、今回初めて、2回目の応募という作品では、企画やクリエイティブは粗削りですが、今後の仕上がりに期待させてくれる作品も多く見受けられました。DMは時として投函者からの強い想いで制作してしまいますが、今回は受け取った人の気持ちを考え抜いた、いいDMも多かったと思います。

奥谷 孝司
オイシックスドット大地
執行役員
統合マーケティング部　部長
COCO(Chief Omni-Channel Officer)

今年はデジタルとの融合をさらに進めた丁寧なコミュニケーションプランが多かったように感じます。一方で策を練りすぎ複雑でわかりにくいものも目立ちました。そして今年はDMを通してブランディングをしているコンテンツが多く感動しました。紙のコミュニケーションを丁寧に行えば、デジタルの融合から、ブランディングまで実現できる。今後もDMを通した丁寧かつシンプルで感動するDMを期待しております。

金森 誠
ジェイアール東日本企画
常務取締役
企画制作本部長

今年も顧客の心をつかむギミックや素敵なデザインの作品が数多く応募されていました。審査を忘れて思わず見入ってしまった作品もありました。デジタルコミュニケーションの進化はどんどん進んでいますが、アナログコミュニケーションのやさしさ、温もりも大切だと改めて感じます。制作予算や企業の知名度ではなく受け手が本当に必要な情報を真摯に丁寧に届けることがポイントでしょう。

早川 剛司
東京個別指導学院
マーケティング部　部長

今年の作品は、DMセオリーにのっとった「実直」なものが多い印象を受けました。コミュニケーション全体戦略に基づく中で、改めてDMメディアとしての役割が、より鮮明になったからではないでしょうか。奇抜さで目を惹く視点だけでなく、他メディアとの連携により、受け手がどういう心理状態の中で、このDMを受け取るのか。顧客の心理変化に寄り添った作品には好感を持ちました。

横山 猛
アサツー ディ・ケイ
ダイレクトビジネス本部
統合プランニング局
シニア・プランニング・ディレクター

今年は、戦略設計や表現制作において「DMの基本」を忠実に押さえ結果を出した、ベースレベルの高い作品が多かったように思います。その上で一歩抜きん出た作品は「ここまで個客のためにやるのか」と驚くレベルのものでした。「基本」や「データ」の先にある「個客の心」に刺さるDMは、企業の規模とは関係なくパワーがあります。来年もその様な「感動DM」をお待ちしています。

吉川 景博
フュージョン
プランニング／
ダイレクトプロモーショングループ
営業企画部　部長

全体的に昨年よりレベルが高いなという印象でした。DMの役割（行動喚起）をよく理解された上で考えられたものや、バリアブルでパーソナルに直接伝わるもの、受け取った方の手元にスマホがある前提を意識し作られたもの（AR、VR、QRでのWEB連動）など、どの応募作品にも必ず「一捻り」アイデアがあり、その中でどう突出できるかがポイント。とても審査が悩ましい年でした。

米村 俊明
電通デジタル
アカウントプランニング第2事業部
事業部長
（審査当時）

今年は「片手にスマホの生活者」を想定した作品が多く、もはやDMだけで目的を完結しなくてもよいメディア環境が、制作者に自由を与えたかのような印象を持ちました。シンプルだからこそ伝わるメッセージ、はがき1枚での行動喚起、売り込まないCRM、データ活用による真のOne to Oneの実現など多彩なコンセプトをはじめ、DM単体でのブランディングの可能性も強く感じました。

軸原 修
日本郵便
郵便・物流営業部
課長

多くのご応募に感謝申し上げます。データドリブンを背景とした、徹底したパーソナライズ化でブランディングに効力を発揮したDMがありました。地方で、商圏のホットゾーンを見つけ出して受け手の心をわしづかみにして離さない1枚のはがきがありました。深いお客様理解とホスピタリティが高いDMが最終選考へとコマを進めたように感じました。次回も心揺さぶる作品との出会いを楽しみにしております。

CHALLENGE

人を動かすパワーのあるDMを募集します

実際に発送されたDMを募集し、優れた作品と、その広告主・制作者を表彰する「全日本DM大賞」。
本賞は、あなたの企画したDMが客観的に評価される絶好のチャンスでもあります。
過去の受賞者からは、「自分のプロジェクトが社内で重要視されるようになった」
「DM施策が進めやすくなった」といった声もよく聞かれます。あなたもぜひ応募してみませんか。
ここでは全日本DM大賞の応募時に寄せられるご質問をまとめましたので参考にしてください。

Q 応募資格はありますか?

実際に発送されたDMの広告主、制作者であればどなたでも応募できます。複数点数の応募も可能です。なおシリーズもの、同一キャンペーンものは合わせて1点とします。

応募時は、作品1件ごとに応募フォームより必要事項を記入します。

Q 審査ではどんな点を評価しているのですか?

審査の対象は、DM作品は外封筒、同封物などすべてになります。

参考資料を添付いただいての応募も可能です。例えばDMと連動したキャンペーンサイトのプリントアウト、動画を収めたDVD、新聞広告の実物またはコピーなどを添付することができます。なお公平な審査を行うため、参考資料内に所属企業や個人名が特定できるロゴや名前の表記があった場合は審査対象外になりますのでご注意ください。

審査の過程は、一次審査(応募フォーム記載情報に基づく審査)、二次審査(二次審査委員によるスコアリング)を経て、最終審査で最終審査委員によるスコアリング、協議および投票により入賞作品を決定します。

スコアリングは、応募されたDMおよび応募フォーム記載情報に基づき、「戦略性」「クリエイティブ」「実施効果」の3項目について各審査委員が5段階で評価しています。

Q 応募料、出品料など、費用が発生することはありますか?

応募、受賞について、応募料、出品料などの費用が発生することはありません。作品をお送りいただく郵送料

のみ、ご負担いただきます。

Q 郵便以外の宅配サービスで発送しているDMも応募可能ですか?

可能です。以前の入賞作品にも実績があります。

Q レスポンス率など、応募時に記入が必須の項目について、具体的な数値を書くことはできないのですが、どうすればいいですか?

必須項目は、分かる範囲で構いませんので、ご記入ください。具体的な数値をご記入いただけない場合は、受注率前年比○○%UPなど、実施効果が読み取れるようにご記入ください。

なお応募フォームの記載内容は無断で公表いたしません。必須項目は審査の重要なポイントになりますので、できるだけ具体的にご記入ください。公表する場合は、事前に確認させていただきます。

Q 賞金はありますか?

賞金はありませんが、上位入賞作品は、そのDMの広告主、制作者とともに、書籍などでご紹介いたしますので、広くパブリシティできるメリットがあります。また贈賞式、贈賞パーティご招待などもございます。

次回の全日本DM大賞の詳細については、2018年夏頃より順次発表していく予定です。詳細はDM大賞の公式サイト http://www.dm-award.jp/ などをご覧ください。応募・審査の方法については、変更になる可能性もあります。

第3部

ヒト・モノが動く！効果の上がるDMの秘訣

86 **STRATEGY**　「マインドフロー」からDMの役割を決め、成果を出す

88 **DATA**
　 DMメディア接触状況・効果測定に関する調査

　 1人あたりの1週平均自分宛DM受け取り通数

　 DMの宛先

　 自分宛のDM開封・閲読状況

　 DMとEメールの閲読状況

　 開封・閲読するDM情報内容

　 DMのタイプ・形態

　 DMの印象・評価

　 本人宛のDM閲読後の行動

　 本人宛のDM閲読後の行動理由

　 閲読後のDMの扱い

　 One to Oneメッセージのパーソナライズ認知

　 One to Oneメッセージのパーソナライズ開封意向

　 WebメディアアクセスDMの受け取り有無

STRATEGY

「マインドフロー」からDMの役割を決め、成果を出す

DMの企画に取り組む際にまず整理しておきたいのが、ビジネス全体の戦略の中でDMの役割は何か、ということ。成果を出すには、DM単体だけでなく包括的な視点が欠かせません。経営戦略を現場での実行に落とし込むためのコンサルティングを行う佐藤義典氏に、DM施策を全体戦略の中でどう設計すればいいのか、その考え方を聞きました。

DMが担う役割を整理する

あなたが、いま企画しているDM施策の目的は何でしょうか。DM大賞では「新規顧客の獲得」や「既存顧客の維持」を目的としている作品が多いですが、一歩踏み込み、例えば「商品を認知しているけれど、ホームページまではまだ見ていない新規顧客に、ホームページを見てもらうこと」のように、具体化できるか考えてみてください。目的が明確になれば、何をもって成果とするか、より明確になります。

さらに、ここで言う「商品のホームページを見てもらう」というのは、DM単体での目的にすぎません。あくまで最終的なゴールは商品やサービスを購入してもらい、リピーターになってもらうことです。顧客が商品を認知し、購入して、ファンになってもらうまでの一連の流れの中で、DMにどの部分を任せるのが最適なのかを見極めていきましょう。

顧客がファンになるまでには、①認知②興味③行動④比較⑤購買⑥利用⑦愛情という7つの「関門」があります。BtoC商品であれば、広告などで商品やサービスを「認知」し、「興味」を持ったものについて、検索したり店頭へ出向いたりといった「行動」を起こします。性能や価格などを競合商品と「比較」して、優れていると思えば「購買」に踏み切る。実際に「利用」してみて気に入れば「愛情」が湧き、クチコミやリピート購入をするファンになります。

BtoB商品でも流れは同じです。展示会などで商品を「認知」し、「興味」を持ったら、名刺交換したり、見積もり依頼をしたりといった「行動」を起こし、商談・アイミツで「比較」します。社内稟議を通したりしながら「購買」を決定。「利用」後も、営業担当者からの提案を受け入れ、「愛情」が湧けば、リピート購入につながるというのが一般的です。

私は7つの関門を通過していく顧客の心の流れを「マインドフロー」と呼んでいますが、このマインドフローの中で、どの関門に対してDMを活用するのかをまず決めましょう。ボトルネックになっている関門について、集中的に施策を行えば、より高い成果を得られます。例えば顧客が止まっているのが「認知」関門ならDMの量を増やす、「行動」関門ならホームページに誘導する、「愛情」ならリピートを訴求するなど、DMの打ち方やメッセージが変わります。

他のメディアとの役割分担

顧客へのアプローチは、DM以外にもテレビCMや展示会、店頭施策など、様々な打ち手があります。ネット通販であれば、ここにSEO対策やランディングページも関わってきます。それらとDM施策をどうつなぎ、役割分担するのか、マインドフロー上で整理してみてください。

マインドフロー

	関門の内容	DMですべきこと	BtoC	（ネット通販）	BtoB
認知	商品・サービスの存在を認知する	存在を伝える自己紹介	テレビCM	SEO	展示会
興味	商品・サービスに興味を持つ	ニーズに合っていることを訴求	↓	↓	↓
行動	電話・HP検索などの行動をする	問い合わせ・HP訪問促進	店頭	ランディングページ	名刺交換
比較	競合商品・サービスと比較する	商品・サービスの強みを伝える	↓	↓	見積もり提出
購買	商品・サービスを購買する	買いやすくする・背中を押す	↓	ショッピングカート	納品・請求
利用	商品・サービスを実際に使う	使い方を提案する	カスタマーセンター	SNS	営業フォロー
愛情	商品・サービスのファンとなる	リピート促進	↓	↓	↓

第31回 全日本DM大賞 銀賞
特大チラシでタブレットの楽しさを伝え、2.6倍のタブレットを売上！スマートフォンとの違いを実寸比較した特大DM
広告主　ソフトバンク
制作者　凸版印刷、トッパンフォームズ

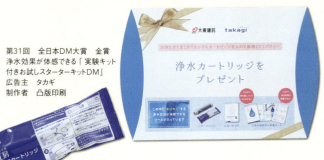

第31回 全日本DM大賞 金賞
浄水効果が体感できる「実験キット付きお試しスターターキットDM」
広告主　タカギ
制作者　凸版印刷

　メディアミックスは、単にたくさん実施すればいいのではなく、顧客の心の流れに即したメッセージを出していくことが重要です。私自身、こんな経験がありました。新聞広告を見て、ある子ども向けの教材に興味を持ち、資料請求をしたのです。広告には脳が目覚ましく発達する年齢までに教育を始めるメリットが書かれており、親として興味を持ったので資料請求しました。マインドフローでいう「行動」までクリアしたことになります。ところが送られてきたDMに書かれていたのは、新聞広告と同じ説明で、それは既に私が知っている情報です。もし他の教材と比べてどう良いのか、という「比較」の情報が入っていたら、「購買」に至ったと思います。

　DMを単発の施策として捉えて制作すると、実はこうしたことが起こりがちです。マインドフローのどの関門に対してDM施策を使うのか、顧客の頭の中と、メディアプランが一致しているかチェックするようにしましょう。

戦略をクリエイティブに反映する

　ここで成果を上げたDM大賞作品の事例を見ながら、マインドフロー上のどんな役割をDMが担うことができるのか、見てみましょう。

　2017年金賞を受賞したタカギの「実験キット付きお試しスターターキットDM」は、商品の「利用」継続を促すことに成功しています。蛇口一体型浄水器が標準装備された賃貸マンションの入居者＝浄水無関心層を対象に、実験キットを送り、水がキレイになる強みを視覚化し、浄水カートリッジの継続利用率を向上させました。マインドフローで、ボトルネックになっていた「利用」を促す役割をDMが担う戦略です。

　2017年に銀賞を受賞したソフトバンクの「スマートフォンとの違いを実寸比較した特大DM」は、スマートフォン利用者にタブレットの追加購入を促しました。封筒にスマートフォンを模した窓枠をつくり、開封すると、実寸大のタブレットを紹介するチラシがでてくるクリエイティブで、大画面の魅力を伝えています。「スマートフォンで十分」と考えているユーザーに、スマートフォンとの「比較」情報を与えることで、タブレットの「強み」をアピールして成功しました。

　2014年グランプリを受賞したグーグルの「サービス体験型鍵付きDM」は、見込み客にGoogleの検索連動型広告を体験させる施策でした。施錠されたDMを開けるには検索が必要で、顧客とのコミュニケーションにつながりやすい、「興味」を抱かせるDMで、検索という「行動」を起こさせたのです。この事例で注目したいのは、DMだけで完結させるのではなく、送付後には電話によるフォローやEメールでの継続的な訴求などを行ったことです。送付後の営業フォローも含めた顧客体験全体の設計を行うことで新規客を獲得しました。

　このように成果を上げたDMは、マインドフローのどの関門に対してのものなのか、全体戦略の中での役割がはっきりしています。どんな成果を出す目的なのかが分かれば、思い切ったクリエイティブを施すことができるのです。

　DM施策を単独で考えるのではなく、「お客様のココロの流れ」であるマインドフローを整理し包括的な視点を持つことがDM施策を成功に導くのです。

ストラテジー&タクティクス
代表取締役社長
佐藤義典
さとう・よしのり／早稲田大学卒業。NTTで営業・マーケティングを経験後、MBAを取得。外資系メーカーのガムブランド責任者、外資系マーケティングエージェンシーの営業、コンサルティングチームの統括責任者を経て、2006年ストラテジー&タクティクスを設立。著書に『実戦 顧客倍増マーケティング戦略』などがある。

DMメディア接触状況・効果測定に関する調査（抜粋）

日々発送されるさまざまなDMを生活者はどのように受け取っているのか。
日本ダイレクトメール協会が実施した調査データをもとに、DMの種類や閲覧状況、
生活者がDMに持つ印象や行動に与える影響などについて読み解く。

調査期間	2017年 12月6日〜11日（事前調査） 12月13日〜29日（本調査）
調査対象	関東エリアの20〜59歳男女
調査方法	インターネットリサーチ
有効回答数	7,615サンプル（事前調査）、200サンプル（本調査）
調査機関	マクロミル
（一社）日本ダイレクトメール協会 実施	

DATA 1 1人あたりの1週平均 自分宛DM 受け取り通数

受け取り通数は平均5.7通

「5通未満」が最も多く6割近くを占めた。平均受け取り通数は5.7通。内訳を見ると、既婚者では子どもなしが平均6.1通、子どもありが平均5.6通。また年収が上がるにつれ平均通数が増加。

DATA 2 DMの宛先

最も多いのは「自分宛」

受け取ったDMの宛先は、「自分宛」が57.5%を占め、「配偶者宛」（16.3%）、「子ども宛」（5.1%）が続く。

DATA 3 自分宛のDM開封・閲読状況

74.3%がDMを読んでいる

自分宛のDMの開封・閲読率は、全体で74.3%となり、女性（77.9%）が男性（72.3%）をやや上回った。男性では20代が77.6%と最も高く、40代は64.2%と低かった。対照的に、女性は40代が87.2%と最も高いが、20代は61.5%と低かった。未既婚子ども有無別では、既婚子どもなしの人の方が高め。世帯年収別では、中間の「M層（500〜900万円未満）」が81%と最も多かった。

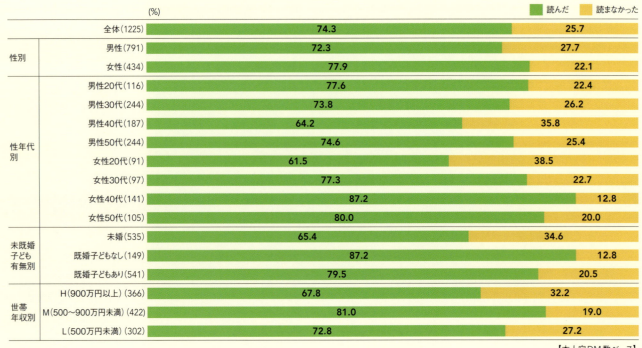

【本人宛DM数ベース】

DATA 4
DMとEメールの閲読状況

「ほとんど開封して目を通す」のはDMがEメールの約2.7倍

DMでは「ほとんど開封して目を通す」が47%で最も多く、Eメール・メルマガの約2.7倍となった。Eメール・メルマガは「タイトルを見て読むかどうか決める」が42%で最も多い。性年代別では女性50代が、DMを「ほとんど開封して目を通す」が65%とその傾向が強い。世帯年収別では、M層でDMを「ほとんど開封して目を通す」が過半数を占めた。

DATA 5
開封・閲読するDM情報内容

閲読率高い「役所など行政からの案内」

開封・閲読する情報内容を購入・利用経験別で見たところ、購入・利用経験「あり」が「なし」を大きく上回ったものは、「保険などの更新・見直しの案内」「カタログや情報誌の送付」だった。購入・利用経験がある人の中で、開封・閲読が高かったのは「役所など行政からの案内」「商品・サービスの利用明細・請求書」だった。クーポン、キャンペーンの案内は、購入・利用経験なしの閲読率が高く、見込客の関心向上に機能しているのが分かる。

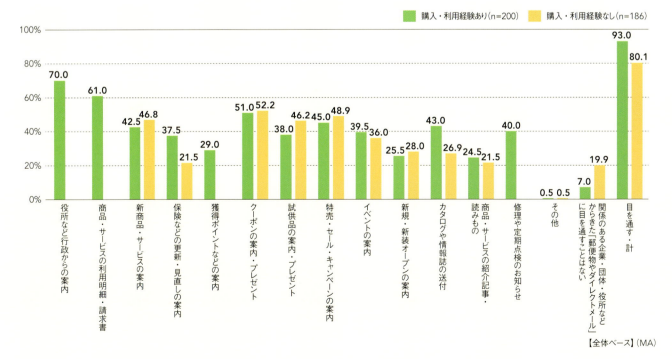

DATA 6
DMのタイプ・形態

受け取ったDMのタイプ・形態は「はがき（圧着含む）」が36％超と突出して多い

圧倒的に多いのは「はがき（圧着含む）」で36.1％。次いで「封書（A4サイズ未満）」（22.9％）の順。差出人業種別で見ると、「はがき（圧着含む）」の割合が高いのは、メガネ・コンタクトレンズ（69.5％）、レジャー施設関連（65.1％）、衣料品・アクセサリー・時計関係（48.9％）だった。

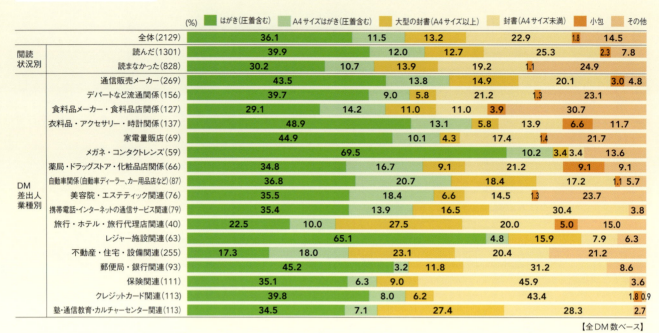

DATA 7
DMの印象・評価

全DM中24％は楽しみにしている

DMが来ることを「楽しみにしている（やや楽しみにしているとの計）」は23.8％。DMの形状別で見ると、小包は「楽しみにしている」が5割超と、他の形状のDMを大きく上回っている。差出人の業種別で見ると、デパートなど流通関係では「楽しみにしている」が4割を超え、薬局・ドラッグストア・化粧品店関係は4割に迫る。

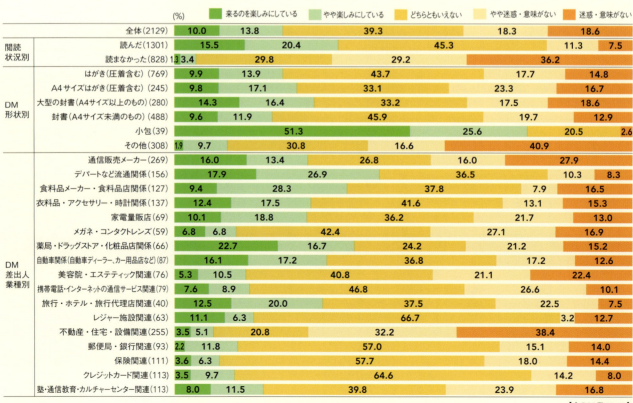

DATA 8
**本人宛の
DM閲読後の行動**

本人宛DMの行動喚起率は22.4%

DM閲読後に問い合わせやネット検索など、なんらかの行動をしたとの回答は22.4%だった。行動の内容では、「内容についてインターネットで調べた」（8.2%）、「家族・友人・知人などと話題にした」（5.9%）、「お店に出かけた」（5.2%）、「商品・サービスを購入・利用した」（3.9%）などが多かった。

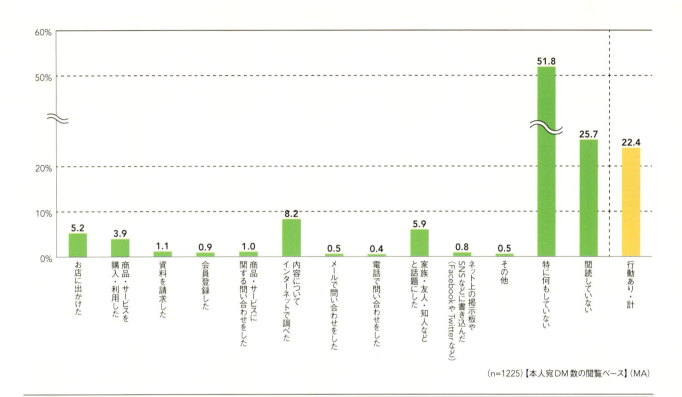

DATA 9
**本人宛のDM閲読後の
行動理由**

「興味のある内容だったから」が5割近く

閲読後の行動理由については「興味のある内容だったから」が48.7%と最も高い。次いで「ちょうどよいタイミングだったから（欲しい・行きたい）」（34.2%）の順。「割引特典に魅かれたから」（17.5%）、「クーポンなどの特典があったから」（14.9%）など、オファーを含めて理由の多くを占めている。

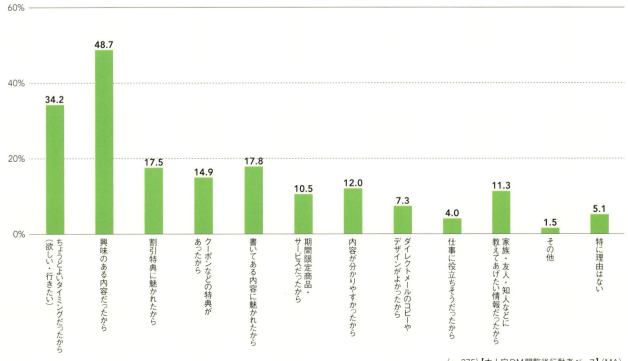

91

DATA 10
閲読後のDMの扱い

自分宛DMの46%が保管されている

閲読後のDMについては、自分で保管が39.4%、家族などに渡すが17.8%、捨てるが42.9%。自分宛のDMは、「自分が保管」が46.9%だった。DM形状別では「小包」の保存される割合(50%)が高い。保存性に特徴を見出すことができるDMにおいては、どのように保存してもらえるようにするかという点が肝要。

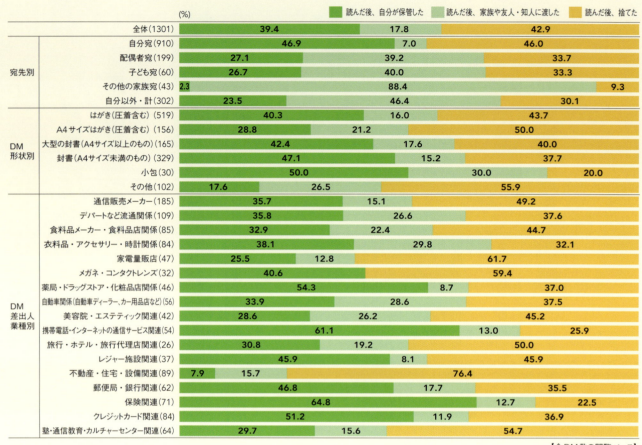

DATA 11
One to One メッセージのパーソナライズ認知

「年齢、性別、誕生日に応じたサービス」や「クーポン」についてのパーソナライズ認知が高い

パーソナライズの認知率は62%。特に、「年齢、性別、誕生日などに関係したサービスの提供」(29%)、「最近購入した商品関連のクーポン」(26.5%)の割合が高い。男女別に見ると、「私の興味を反映したイメージや写真が使われている」が、女性(4.1%)と比べて男性(13.7%)が高め。世帯年収別で見ると、年収が上がるにつれてパーソナライズの認知率・経験数(平均反応数)が増加している。

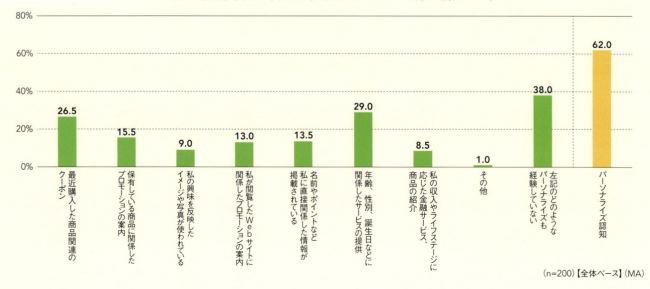

DATA 12
One to One メッセージのパーソナライズ開封意向

約半数が開封意向あり

普通のDMに比べて、パーソナライズされたタイプの開封意向（「開封、閲読してみたい」、「まあ開封、閲読してみたい」）は48.5%「あまり開封、閲読したくない」「開封、閲読したくない」は15%と、パーソナライズの効果は、大きいと考えられる。性別による開封意向に大きな差は見られないものの、男性20代で開封意向が7割弱と突出して高い。未既婚子ども有無では「未婚」が52.2%と高め。世帯年収別で見ると、M層が一番高く5割を上回る。

DATA 13
Webメディアアクセス DM の受け取り有無

6割がDMからWebへ誘導するDMを受け取っている

QRコードやURLの記載などによって、Webへの誘導を行う「メディアアクセスDM」について、約6割が、受け取り経験があると回答。アクセス経験は3割を超えた。「メディアアクセスのDMの受け取り」「アクセス経験」は男性の方が高く、特に男性20代で受け取り率が高い。未既婚子ども有無では「既婚子どもなし」が「受け取り経験」「アクセス経験」ともに高かった。

【全体ベース】(MA)

【全体ベース】

【事例で学ぶ】
成功するDMの極意
全日本DM大賞年鑑2018

発行日	2018年4月10日　初版
編集	株式会社宣伝会議
編集協力	日本郵便株式会社
発行者	東 彦弥
発行所	株式会社宣伝会議
	〒107-8550
	東京都港区南青山3-11-13
	TEL.03-3475-3010（代表）
	URL　https://www.sendenkaigi.com/
デザイン	株式会社ビーワークス
本文レイアウト	株式会社アイフィス
執筆協力	椎名昌彦（一般社団法人日本ダイレクトメール協会）
	軸原　修（日本郵便株式会社）
	中垣征也（日本郵便株式会社）
印刷・製本	凸版印刷株式会社

ISBN978-4-88335-435-1

©JAPAN POST Co., Ltd. 2018 Printed in JAPAN

定価はカバーに表示しています。
落丁・乱丁はお取り替えします。
本書の一部または全部の複写、複製、転訳載および磁気などの
記録媒体への入力などは、著作権法上での例外を除き、禁じます。
これらの許諾については、発行所までご照会ください。

宣伝会議の出版物

各商品に関する詳しい情報はホームページをご覧ください。

●ホームページからご注文いただけます。
www.sendenkaigi.com

人を動かす隠れた心理「インサイト」

「欲しい」の本質

いまの時代、多くのニーズは充たされています。そこで有効なのが「インサイト」。本人すら気付いていない欲望を可視化することで、新たなアイデアを生み出せます。本書では、インサイトの定義、実践までを、豊富な事例とともに解説。

大松孝弘、波田浩之 著
本体1,500円+税　ISBN978-4-88335-420-7

「結果」を出す企画術を40の公式に

逆境を「アイデア」に変える企画術

逆境や制約こそ、最強のアイデアが生まれるチャンスです。関西の老舗遊園地「ひらかたパーク」のV字回復に貢献した著者が、予算・時間・人手がない中で結果を出すための企画術を40の公式として紹介。発想力に磨きをかけたい人、必見。

河西智彦 著
本体1,800円+税　ISBN978-4-88335-403-0

ブランドを高めるコラボノウハウ!

ブランドのコラボは何をもたらすか
午後の紅茶×ポッキーが4年続く理由

おなじみの2ブランドのコラボはなぜ世の中から支持されるのか。そこに秘められた、構成メンバーの工夫・プロジェクトの進め方・時代にあった消費者とのコミュニケーションのとり方など、あらゆるノウハウをまとめた一冊。

午後の紅茶×ポッキー プロジェクト 著
本体1,800円+税　ISBN978-4-88335-427-6

「読んで」「買って」もらえる文章のセオリー

売れるボディコピー

どれだけ売れたのかの数値がダイレクトに見える通販業界で、長年、「売る」機能を持った文章を制作してきた著者が明かす、消費者に「買って」もらうための文章の書き方。説得力のある文章(ボディコピー)が身に付く一冊。

向田 裕 著
本体1,500円+税　ISBN978-4-88335-399-6

デジタル時代の<販促の基礎>を体系化

【宣伝会議マーケティング選書】
デジタルで変わる
セールスプロモーション基礎

生活者の購買導線が可視化され、データ化される時代、販売促進の現場はどう変わる? 販売の最前線に必要な知識と情報を体系化した新時代のセールスプロモーションの教科書。

販促会議編集部 編
本体1,800円+税　ISBN978-4-88335-374-3

第三次流通革命は「生活者視点」から始まる

宣伝会議<実践と応用>シリーズ
生活者視点で変わる小売業の未来

流通小売業の大きな変化を「生活者の視点」で見直すとどうなるか。さまざまな実証実験から導き出されたデータをもとに、買い物需要を刺激し、「希望活性化」を実践する売り場を考察。小売業のあり方とその未来形を提示する。

上田隆穂 著
本体1,500円+税　ISBN978-4-88335-367-5

DMの実践に必要なメソッドが丸わかり

新DMの教科書

DMの企画立案、ターゲットリストの抽出、クリエイティブ戦略、効果測定など、DMの実践に必要な知識を総合的に学べる一冊。DMのレスポンス率アップ、顧客の獲得・維持のノウハウが身につきます。

一般社団法人 日本ダイレクトメール協会 著
本体3,000円+税　ISBN978-4-88335-404-7

広告制作料金のすべてがわかる

広告制作料金基準表
(アド・メニュー)'17-'18

広告制作に関する基準価格の確立を目指し、1974年に創刊。独自調査に基づいた最新の基準料金ほか、主要各社の料金表、各種団体の料金基準、見積などを収録。広告の受発注に関わるすべての方、必携の一冊。

宣伝会議 編
本体9,500円+税　ISBN978-4-88335-385-9

Marketing & Creativity
宣伝会議

**最新動向がつかめる
宣伝・広告・マーケティングの専門誌**

毎月1日発売　1,300円（税込）

**アイデア発想を広げる
広告クリエイティブの専門誌**

毎月1日発売　1,300円（税込）

**プロモーション事例が豊富にそろう
特典はプロの企画書ダウンロード**

毎月1日発売　1,300円（税込）

**情報伝達スキルが身につく
日本で唯一の広報専門誌**

毎月1日発売　1,300円（税込）

**売れる仕組みがわかる
マーケティング入門誌**

年4回発売　1,300円（税込）

**売れるコンテンツや
メディア戦略を細かく解説**

年2回発売　1,300円（税込）

マーケティングの事例研究に
デジタル版なら、記事を全文検索。
あの会社の広告事例もまとめて見れる！

宣伝会議の雑誌
www.sendenkaigi.com/books
ご購入、お問い合わせは宣伝会議オンラインで

スマホで
移動中も読める！

デジタル版
月額800円（税別）